Ela Ta Sin

Energie der Elohim

El Mogar Ba

Die Öffnung der neuen ätherischen Licht-DNS
durch die Elohim

Inhaltsverzeichnis

Vorwort

Dieses Buch soll die Augen, Ohren und das Herz für eine völlig neue Energie öffnen. So manchem Leser mag das, was ich schreibe, wie ein Science Fiction Roman vorkommen. Ist es aber nicht. Es ist kein Scherz, sondern etwas so Wichtiges, dass ich kaum sagen mag, wie wichtig es ist. Es geht um den Aufstieg der Erde und der Menschheit. Nicht mehr und nicht weniger. Wir müssen da alle durch, wenn wir denn wollen. Wir haben ja den freien Willen, oder? Nun ja, auch darum geht es und um viele Täuschungen und Manipulationen, denen wir gnadenlos ausgeliefert sind. Unser freier Wille landet in so vielen Sackgassen, von denen wir keine Ahnung haben. Uns wird fremdes Karma aufgedrückt, von dem wir ebenfalls keine Ahnung haben. Die Schuld suchen wir grundsätzlich bei uns selbst. Falsch! Das ist absolute Täuschung und ich möchte, dass du, ja du, der dieses Buch liest, davon befreit bist! Ich bin durch eine sehr harte Schule gelaufen, um das zu lernen, was ich jetzt kann. Dann kam diese wundervolle Energie und Aufgabe der Elohim auf mich zu: „Ela Ta Sin", der Segen der Gnade und Barmherzigkeit. Es lässt sich damit unglaublich schnell arbeiten, und es ist Schluss mit der harten Schule. Es ist die Leichtigkeit des Seins, die hier zählt. Wir können wirklich alles leicht ändern in unserem Leben, wenn wir den Schlüssel haben, um durch die Tür zu gehen, die uns unüberwindbar erscheint. Ela Ta Sin ist ein ganzes Schlüsselbund, und dieses möchte ich dir zugänglich machen. Es ergänzt jede Art von Energiearbeit, besonders Reiki. Es ist mein Inkarnationsauftrag „Ela Ta Sin", weltweit zu verbreiten!

Ich wünsche dir viele gute Erkenntnisse durch dieses Buch und einen großen Schub nach vorn auf deinem Weg. Sei gesegnet.

El Mogar Ba

Danksagung

Ich bedanke mich hier von ganzem Herzen und ganzer Seele bei allen, die mir auf meinem Weg geholfen haben und die mir noch helfen werden. Es ist unmöglich, hier alle einzeln aufzuzählen.

Meinen besonderen Dank richte ich an Jesus, die Erzengel Raphael und Michael, die Elohim, meinen Geistführern, den Mächten des Lichtes und der Liebe, Gaia, unserer lieben Mutter Erde, und natürlich „Pappi", unseren himmlischen Vater, den Schöpfer allen Seins!

Ich danke meiner lieben Lebenspartnerin Karin und unserer lieben Inashra, die mir sehr geholfen haben beim Überleben und dem Kontakt mit den höheren Dimensionen! Ich danke allen, die mich ein Stück meines Weges begleitet haben und allen, die mich lieben, wo auch immer sie sich gerade befinden mögen. Lieber Brynolf, sei gesegnet für das, was ich von dir lernen durfte. Liebe Sternengeschwister, seid ebenfalls gesegnet für eure Träume, Lehren und Musik, die ihr mir gesendet habt.

Ich möchte mich sogar bei den negativen Kräften bedanken, die mich so oft hier nicht mehr haben wollten. Ich habe dadurch viel gelernt und sogar Liebe und Mitgefühl für euch, denn eure Zeit auf der Erde endet jetzt. Seid ebenfalls gesegnet, denn auch ihr habt Kinder und liebt sie. Also öffnet auch euer Herz und eure Seele. Das ist der richtige Weg. Der Weg der Gnade und Barmherzigkeit. Wir haben alle die freie Wahl! Ich danke für meine Inkarnationen hier auf der Erde und dass ich diesen Weg gehen darf, den Weg von Ela Ta Sin!

El Mogar Ba

Widmung

Ich widme dieses Buch denjenigen, die bereit sind, den Weg des Lichtes und der Liebe zu gehen, den Menschen dieses wundervollen Planeten.

Mein größter Wunsch ist es, dass das Leid und die Täuschung im Hier und Jetzt aufhören und dass möglichst viele meiner Brüder und Schwestern den Aufstieg gemeinsam mit Gaia schaffen.

Ich widme dieses Buch den vielen Menschen, die so viele Inkarnationen gelitten haben und trotzdem wieder inkarnierten um ihren Geschwistern aus der Dunkelheit zu helfen. Es war eine harte und lange Zeit, aber wir haben viel gelernt, und wir haben die wahre Liebe erkannt.

Ich widme dieses Buch den Tieren und Pflanzen, die uns begleiten, Nahrung und Kleidung geben und uns so vieles lehren.

Und zu guter Letzt widme ich es der Wahrheit und Klarheit sowie den Kindern der Zukunft. Mögen sie alle die wahre Liebe leben.

El Mogar Ba

Einleitung

Hi, ihr Lieben!

(Hi: high, hochfrequente Schwingung, die ich euch von ganzer Seele wünsche!)

Es ist wohl an der Zeit, das Thema „Neue Energien“ anzusprechen.

In den gechannelten Botschaften von Kryon, Sananda, St.Germain, Wesen der galaktischen Förderation und der geistigen Welt, ist immer öfter die Rede von diesen „Neuen Energien“, die uns neuerdings zur Verfügung gestellt werden, wie: Inkarnation unseres Kosmischen Selbstes bis auf die zellulare Ebene, Öffnung der Licht-DNS, Vorbereitung für unseren Körper, eine hochschwingende, kristalline Form anzunehmen, Hilfestellung zur Befreiung von uns begrenzenden Manipulationen; u.s.w.!

Vor 10 Jahren habe ich den Auftrag von Sananda bekommen, die Täuschungen von den Menschen zu schneiden. Jetzt blicke ich auf diese Zeit des Geschliffenwerdens mit Dankbarkeit zurück und möchte euch das, was daraus entstanden ist, ans Herz legen: „Ela Ta Sin“, auf der Erde zu verbreiten und dazu bitte ich euch/dich um Mithilfe, denn wir Menschen sind es, die dafür verantwortlich sind, uns für den Aufstieg der Erde und der Menschheit einzusetzen. Das Ergebnis steht fest – „ JA“ – aber WIR sind es, die dieses bewirken!

Was ist Ela Ta Sin?

„Ela Ta Sin" heißt übersetzt soviel wie: „Gnade und Barmherzigkeit".... lasst euch diese Begriffe mal auf der Zunge zergehen. Fühlt da mal hinein!

Diese Energie kommt von den Elohim *(großen göttlichen Schöpferwesen)* mit dem Auftrag der göttlichen Instanz, den Menschen von Täuschungen zu befreien, damit diese die Möglichkeit haben, mit ihrer eigenen Energie und ihrem freien Willen, sich beschleunigt weiter zu entwikkeln und durch Klarheit und Wahrhaftigkeit die Möglichkeit zu bekommen, sich für ihren Inkarnationsauftrag zu entscheiden!

Durch Gen-Manipulation und Implantate auf der ätherischen Ebene, durch außerirdische Wesenheiten wurde dem Menschen das Gefühl, der Wille zur Selbstheilung, das Selbstvertrauen, die interdimensionale Wahrnehmung, der klare Verstand und der Wille stark eingegrenzt und fremdes Karma auferlegt.

Durch die Machenschaften von Eltern *(meist unbewusst in gutem Glauben)*, Schule, Ausbildung, Wirtschaft und Staat, wurde die Hara-Linie *(hier entstehen Aura, Chakren und Körper)* durch Angst, Hass, Gier und Neid so beeinflusst, dass die Energie des eigenen höheren Selbstes kaum noch durch diese fließen kann. Bei den meisten Menschen ist die Hara-Linie nach unten verstopft oder sogar gebrochen, was die gleiche Wirkung wie bei einer Stromleitung hat: entweder die Lampe glimmt nur oder leuchtet gar nicht mehr!

Um die Menschen am Leben zu erhalten, wurde in das Kronenchakra der göttliche Kanal und der Reikikanal eingefügt.

Seit vielen Jahren wird bei unzähligen Menschen schon eine neue Hara-Linie sichtbar. Durch die Arbeit mit „Ela Ta Sin" ist es möglich, die Implantate und andere Fremdenergien zu entfernen. Die Person, bei der man das macht, verlässt den Körper ganz, während man die alte Hara-Linie entfernt und inkarniert sofort in die schon angelegte neue Hara-Linie. Danach gibt man ihr die Hilfestellung, ganz in den Körper zu kommen, denn sie war es ja gewohnt „neben sich zu stehen", aufgrund der niedrigen Schwingung des Körpers. Dies funktioniert nur, wenn man die eigene Macht angenommen hat, denn sonst kann man den anderen nicht in dessen Körper holen!

Ist die Hara-Linie in Ordnung - ist Streit unmöglich!
Merke dir das gut!

Die Öffnung der ätherischen Licht-DNS in der Hara-Linie ist sehr, sehr wichtig, denn wir können nur mit dieser auf der neuen Erde existieren!

Wichtig! Dies ist der Auftrag aus der göttlichen Instanz:
„Schneide die Täuschungen von den Menschen!"

Hier ist kein Machtmissbrauch möglich, denn es funktioniert nur mit Hilfe der Elohim, Kryon und dem höheren Selbst der Person, bei der man das macht!

„Ela Ta Sin" ist „Gnade & Barmherzigkeit", ein göttliches Geschenk der Liebe für uns Menschen!

Also nehmt eure Macht an und macht! Macht es in Liebe! Der Himmel wird euch dafür segnen! Die himmlische Freude & Liebe, die ihr dafür zurückbekommt, wird euch zeigen, dass es richtig ist, was ihr macht und darin bestärken weiter zu machen! Viele von euch werden schon Ähnliches durch die wundervolle Reiki-Energie oder auch andere Energiearbeit kennengelernt haben. „Ela Ta Sin" lässt sich wunderbar in solche Energiearbeit integrieren.

Ich arbeite übrigens auch seit über 10 Jahren als Reikimeister und war die ganzen Jahre auf der Suche nach dem „Kick", der uns Reikianer, ob

Schüler oder Meister, nach vorne bringt und unsere Erdung wirklich soweit dauerhaft öffnet, dass die Reiki-Energie und die Energie unseres höheren Selbstes ungehindert durch uns fließen kann. „Ela Ta Sin“ ist dieser „Kick“ und damit hört auch endgültig dieses ständige Auf und Ab in unserem Transformationsprozess auf!

Oder noch einmal anders gesagt: trotz guter Reikiweihe und trainierten lichtgefluteten Kanälen hat man immer noch Ärger im Leben, kennst du das? Wenn die Licht-DNS erst vollständig geöffnet, die Hara-Linie stabil hergestellt ist, ist Ärger nicht mehr möglich. Vielleicht fehlt dir nur dieser letzte Schritt, vielleicht auch noch ein kleines Stück Weg mehr. „Ela ta Sin“ macht es möglich, diesen Schritt all-umfassend und auf einmal zu gehen. Denn Ärger zu haben, noch Probleme zu wälzen, oder sogar noch finanzielle Sorgen zu überwinden, Schmerz zu empfinden, gehört nicht mehr zu dir und zu deinem Weg, gehört nicht mehr zum Menschsein.

Etwas Wichtiges: zur Zeit tobt ein richtiger Kampf um die Erde und den Aufstieg. Es gibt sehr viele Wesen, die einen Gegenalarm starten. Hinterfragt bei negativen Äußerungen: Welche Absicht steckt hinter dieser Äußerung? Woher hat diese Person ihr Wissen? Sagt es diese Person in Liebe, Achtung und Wahrhaftigkeit? Wie fühlt sich das für mich an? Fühle ich mich wohl oder fühle ich mich danach schwächer?

Ich habe so viel Liebe und Freude bei den „Ela Ta Sin“ Kursen gespürt, dass ich mir wünsche, dass alle Menschen so miteinander umgehen würden.

Dies ist mein Inkarnationsauftrag. Ich schneide die Täuschungen von den Menschen, denn das Leid auf diesem Planeten muss aufhören. Mein Wille, dies zu tun, ist unerschütterlich.

Was ist mit dir? Vielleicht fühlst du genauso wie ich, und „Ela Ta Sin“ spricht dich an!

Vielleicht hast du genauso viel gegeben, ausgehalten, erlitten und aus Liebe auch ertragen, wie ich. Das ist vorbei, wenn du es möchtest, mit der Öffnung deiner ätherischen Licht-DNS! Jetzt ist genau der richtige Zeitpunkt!

Wenn ja, würde ich mich freuen, wenn du bei dieser Aufgabe dabei bist und zu mir Kontakt aufnimmst!

In Liebe und Achtung

Ashron El Mogar Ba - oder einfach nur Ronald.

Der Anfang von Ela Ta Sin

Ja, wie fing alles an? Das ist gar nicht so leicht zu sagen, denn irgendwie war dieser Anfang schon immer da.

Als kleiner Junge hatte ich schon immer ein großes Problem: Die Erwachsenen wollten einfach nicht verstehen, dass man nur das wahrnimmt, was der eigenen Schwingung entspricht. Alles was schneller oder langsamer ist, nimmt man eben nicht wahr. Sie fanden das gar nicht gut und schon gar nicht, dass ich diesen Großen so gerne tief in die Augen sah. Na ja, was soll's! Sie verstanden es eben nicht! Sie hatten es irgendwie vergessen. Ich wollte einfach nur wissen, warum ich aus diesen Augen schaute und nicht aus ihren. Dies beschäftigte mich sehr lange, bis mir das Gleiche geschah. Ich vergaß!

Schule, Ärger mit den Eltern, Pubertät mit ausgeschlagenen Frontzähnen. Ich fühlte mich wie im Märchen, „Das hässliche Entlein". Erste große Liebe. Bundeswehr „nein danke". Polizist 8 ½ Jahre „dein Freund und Helfer"! Großer Fehler: „Mein Freund, ich werd' dir helfen"! Eine Welt brach in mir zusammen. Ich sah nur noch Tod, Streit, Mord, Korruption und Ungerechtigkeiten. Kündigung, Aufbau einer Musikschule, Auftritte, Tourneen, Probleme ohne Ende, Beziehungschaos, Krankheit, aus. Irgendwie ging gar nichts mehr und so betete ich: „Lieber Gott, das Leben muss doch einen Sinn haben. Bitte hilf mir, denn so will ich das Leben nicht mehr!" Tja, wenn man „Pappi" um etwas bittet, was Sinn macht, lässt seine Antwort nicht lange auf sich warten!

Dieses Gebet habe ich gesprochen nach einer sehr lastervollen Nacht. Am nächsten Morgen stand ich ziemlich fertig und allein in den Garderobengängen der Fernsehstudios des ZDF in Berlin. Da hörte ich eine männliche Stimme sagen: „Wusstest du, dass das mal deine Frau wird?" Ich dachte nur: "Was für eine blöde Fragestellung!", drehte mich um, aber da war keiner. Und wieder: „Wusstest du, dass das mal deine Frau wird?"

Nun ja, ich kann nur sagen, dass eine Sekunde später, eine blonde Frau um die Ecke kam, die ich ein halbes Jahr später auf Hawaii geheiratet habe. Doppelhochzeit mit Matthias Reim und Margo. „Verdammt ich lieb' Dich", aber das ist ein anderes Kapitel.

Mein Leben wurde zu einer Zentrifuge. Kein Stein blieb auf dem Anderen. Trennung von meiner Frau und dann plötzlich eine Ufo-Zeitschrift auf meinem Schreibtisch. Auf der Rückseite stand: Reiki heile dich selbst!

Alles was dann passierte würde schon Bücher füllen, also bleibe ich bei der Kurzform.

Keine Ahnung, was Reiki ist, unmögliche Suche und dann der erste Grad – heißes Blei durch meinen Körper und dann Honig, wie in einer Werbung. Goldener Honig, der mich durchfließt. Ich dachte, ich hab' einen Knall. Zweiter Grad? Niemals! Aber „Pappi" hatte andere Pläne mit mir: „Du musst unbedingt sofort den zweiten Grad machen!" hörte ich, was ich am nächsten Tag auch tat.

Wow, auch hierzu gibt es viele Geschichten! Nur eine sei hier erwähnt: Ich habe eine verschollene Person innerhalb von zwölf Stunden aus den USA von der Westcoast nach Deutschland geholt. Und das mit dem zweiten Reikigrad. Geht doch, aber ich habe es bitter bereut. Das war nicht der Weg!

1994 machte ich dann auf „Pappis" Aufforderung die Meisterausbildung, und in dieser kam der Startschuss für Ela Ta Sin.

Die Vision

In der Meisterausbildung sollte ich mich mit meinem höheren Selbst in Verbindung setzen und fragen, was es mir mitzuteilen hat.

„Ich befand mich mitten im Weltraum. Ein weißes Licht kam auf mich zu. Ich wunderte mich darüber, und als es näher kam, sah es aus wie ein Schafskopf. Dann wurde daraus ein Engel mit wehenden Gewändern, und ich wurde hineingesogen in diese Gewänder. Vor mir sah ich im All eine riesige, transparente Pyramide aus violettem Licht. Aus allen Richtungen kamen Lichtfunken aller Farben angeflogen und flogen, genauso wie ich, in diese Pyramide hinein. Innen war eine große liegende Acht in die wir hineinflogen, und ich sah, dass es zwei große Kugeln waren, die in der Mitte eine Verbindung hatten. Alle Lichtfunken sahen durch diese Öffnung und waren ständig bemüht, in die Kugel gegenüber zu kommen, irgendwie schaffte ich es, in dieser Verbindung der beiden Kugel zur Ruhe zu kommen. In diesem Moment stieg eine DNS von diesem Punkt in die Höhe bis über die Spitze der Pyramide, und dort entstand aus der DNS der neue Mensch."

Meine Meisterin hielt mich für verrückt, denn man könne so etwas nicht sehen! Weit gefehlt, denn auch das war nur ein Anfang! Diese Vision beschäftigt mich immer noch, und ich habe seitdem sehr viel entdeckt. Auf jeden Fall war mein Forschungsdrang geweckt. Darüber später mehr.

Krankheit - Gebet - Heilung und die Wahrheit

Ich hätte Krebs, sagte man mir. Das war für mich indiskutabel!

Es war der 24.10.1994. Dieses Datum werde ich niemals vergessen, denn ich schickte wieder einmal ein Gebet nach oben. Ich wollte geheilt sein bis Ende 1994 und wünschte mir einen philippinischen Heiler, der mit seinen Händen in den Körper gehen kann und mir die Probleme herausnehmen sollte. Die Antwort kam prompt. Ich war in München und er in Hamburg. Er war in Bonn und ich in Hamburg. Also fuhr ich hin. Irgendwie hatte ich was falsches gegessen, musste mich ständig übergeben und hatte im Körper überall Schmerzen. Dort angekommen, holte mir dieser Heiler Geschwüre aus dem Kopf und Bauch und ich bekam seit zwei Jahren das erste Mal wieder Luft. Völlig benommen von dieser Erfahrung taumelte ich ins Auto. Am rechten Ohr hatte ich einen Tropfen Blut und sonst an den behandelten Stellen Babyhaut, absolut weich. Drei Tage brauchte ich um mich zu erholen von dem Schock, denn der Körper, mein Körper, hatte sich einfach dafür geöffnet und dann wieder geschlossen.

Wie? Unsere Körper sind ja gar nicht fest! Die Erkenntnis hat mich echt umgehauen! Später habe ich ihm noch bei solchen „Operationen“ zugesehen. Es war unglaublich!

Nun wieder zu mir. Es kam Ende 2004 (sprich Sylvester) und alles war wieder da: keine Luft zum Atmen. Panik! Ich fuhr wieder zu diesem Heiler. Es funktionierte gar nichts. Er schrie mich sogar an: „Atme!“ – Keine Chance. Drei Monate brauchte ich, um zu verstehen. Ich hatte mir gewünscht, bis Ende 1994 geheilt zu sein. „Pappi“ sagte nur:

„Du musst es selbst lernen!“

Das Geschenk

Oh, es waren viele Geschenke. Doch wo fang ich an? Ah, beim Aurasehen. Geübt habe ich es. Ich begann die Reikimeister-Ausbildung auch noch eine schamanische Ausbildung und eine PSI/ASW Ausbildung.

Ja, ich wollte die Aura sehen und sah sie, mitten in Berlin vor den Fernsehstudios, die schon wieder.

Wir hatten eine Pause während der Dreharbeiten und ich ging mit meiner Frau, von der ich ja wusste, dass sie angeblich mal meine Frau werden würde, vor die Halle. Strahlender Sonnenschein am Mittag, ein Traumwetter. Da ging meine Frau in Flammen auf. Violette Flammen züngelten um ihren Körper. Ich fiel fasst in Ohnmacht vor Schreck und dann war es plötzlich verschwunden. Das Feuer und das Aurasehen. Es war so schnell gegangen, wie es gekommen war. Erstaunt und frustriert erzählte ich es meiner Schamanin, die wirklich sehr aurasichtig ist. Beschwer, beschwer und was sagte sie: „Hör auf, immer nur Aurasehen zu wollen. Du trennst dich von dir selbst. Deine Sensoren sind alle offen und du bemerkst es gar nicht!“

Ich war genervt und konnte mit dieser Aussage gar nichts anfangen. Doch dann kam es. Es knallte in meinen Ohren. „Gehörsturz“, war mein erster Gedanke, doch dann merkte ich, es kam aus einer bestimmten Richtung. Ich war in einem Esoterikladen und hörte einen Stein, einen Amethysten. Ich nahm ihn mit. Wieder die besagten Studios. Ein Musiker kam mir entgegen und es knallte wieder in meinen Ohren. „Gebe ihm den Stein!“ kam in mein Bewusstsein und das tat ich. Er freute sich, nahm den Stein und dann liefen ihm Schweißperlen über das Gesicht. Wir wunderten uns und unser Leben änderte sich wieder einmal, aber auch das würde Bücher füllen.. Ich fing an, Energien zu hören, ein wahrliches Geschenk und der Schlüssel zu Ela Ta Sin. Darüber später mehr.

Das zweite Geschenk war mitten in meiner schamanischen Ausbildung: eine schamanische Reise. Zwanzig Minuten passierte nichts, einfach gar nichts. Es war langweilig. Dann kam die Schamanin zu mir und sagte: „Aha, du siehst also mit offenen Augen!“ und ging weg. Dann fühlte ich, dass sie sich auf meinen Schoß setzte, ohne körperlich anwesend zu sein. Ich versank in einen tiefen Bewusstseinszustand und wurde an einem Lagerfeuer wach. Es war dunkel und um mich herum saßen viele Indianerhäuptlinge. Alle sahen auf die Knochen eines Büffelschädels. Ich auch. Ich flog durch den senkrechten Spalt dieses Schädels mitten in den Körper einer Königskobra, um zu jagen, schlängelte mich durch Gebüsch und wandelte plötzlich meinen Körper in den eines schwarzen Panthers. Das Kaninchen hatte keine Chance. Es bedankte sich bei mir und starb, während ich das Blut schmeckte. Es waren Liebe und Achtung zwischen mir und meinem Opfer. Ich wachte auf. Die Schamanin sagte zu mir: „ Du hast dir gerade deine altes Wissen zurückgeholt und deine Krafttiere kennengelernt. Deine Ausbildung ist beendet. Du bist der Träger des gesamten indianischen Wissens!“

„Na gut!“ dachte ich. „Wenn sie meint!“

Wie war das? An den Früchten wirst du es erkennen!

Kurz danach flog ich nach Thailand. Schlangenfarm? Super! Der Schlangendompteur hatte auf „Ko Samui“ eine Königskobra gefangen. Kobras? Ach, wie niedlich! Dann kam es, mein Krafttier! Er konnte sie nicht halten. Fünf Meter lang. Unglaublich. Die Kobra schwamm durchs Wasser, richtete sich auf und ihr Kopf war genau vor meinem. Alle Zuschauer neben mir schrieen und stoben auseinander. Ich war ganz ruhig und wir schauten uns in die Augen. Ja, wirklich ein wundervolles Kraft-Tier. Der Schlangenbändiger hatte Schweißperlen auf der Stirn, zog die Schlange am Schwanz zurück und ich war glücklich. Oh, welch Kraft. Ich hatte absolut keine Angst, was mich im Nachhinein doch sehr wunderte.

Geschenk Nummer 3 ist noch schwieriger zu erklären, denn ich fing eine neue Inkarnation in diesem Körper begann, womit meine Reikimeisterausbildung auch sofort beendet war. Es war Brynolf, der mich viel gelehrt hat über Reiki, Inkarnationen, Kämpfe mit negativen Wesen und globale Aufgaben, die ich zu erfüllen hatte. Wir haben so Manches weltweit erledigt, aber darüber darf ich nicht reden. Als wir das geschafft hatten, sagte er nur: „Schön, dann können wir ja weiter gehen!“ und starb kurz darauf. Ich liebe ihn und ich weiß, dass er über mich wacht.

Als ich zu ihm kam, inkarnierte ich neu in meinen eigenen Körper und meine Probleme hörten auf. Einfach so, als hätten sie nie existiert. Ich lernte von ihm das Fundament von Ela Ta Sin, ohne es zu wissen. Dies ist sein Erbe an mich.

Er sagte zu mir: “Du bist dein eigener Großvater und bist 1945 auf eine Mine getreten und gestorben. Ich habe ihm erst nicht geglaubt, aber alles andere danach hat mir mehr als einen Beweis dafür gegeben. Ich erinnere mich an diesen Tod, wo ich gestorben bin, was danach geschah und warum ich in diese Familie inkarniert bin. Ein echter Hammer. Und ich erinnere mich, dass ich das als kleines Kind auch wusste.

Nachdem ich dies so einigermaßen verdaut hatte, stellte ich mir die Frage: „Wer war ich denn noch?“ was mich drei Monate außer Gefecht gesetzt hat, denn es folgten 26 Namen mit Bildern, Schriftstücken, Erinnerungen, Gefühlen und so einiges mehr. Das war damals zuviel für meine Nerven. Heute weiß ich so vieles mehr, und ich bin glücklich darüber.

Die Begegnung

Ich wurde Reikimeister am 2.1.1995 und es passierte 2 Wochen nichts. Es war langweilig. Mein Meisterengel war „Abenteuer", und es passierte nichts, also habe ich mich bei „Pappi" beschwert. Ganz ehrlich, das werde ich nie wieder tun. In diesem Jahr bin ich wirklich weltweit unterwegs gewesen und habe sehr viel erlebt.

Eine der wichtigsten Begegnungen hatte ich nachts. Jesus stand vor mir in hellblau-weißem Licht mit einem Schwert in den Händen und hielt es mir hin. Ich sagte: „Ich will nicht töten!" Er verdrehte die Augen und sagte nur: „Ronald, du sollst die Täuschungen von den Menschen schneiden!"

Dann war ich plötzlich in der Wüste und sah einen toten Busch. „Berühre ihn!" hörte ich die Stimme von Jesus. Ich tat es und der Busch blühte und hatte viele gesunde Blätter. Dann sah ich ein welkes Blatt. Ich sollte es ebenfalls berühren und es wuchs zu einem riesigen fruchtbaren Baum empor. Es lag eine verweste Katze auf unserem Weg. Ich sollte sie berühren und sie lief miauend weg. Wir kamen ans Meer und ein toter Fisch schwamm dort mit dem Bauch nach oben. Ich berührte ihn und er schwamm weg. Nun sagte er: „Berühre das Wasser!" es wurde ganz klar. „Sehe die Sterne an!" auch sie wurden ganz klar. Dies hat mich wirklich sehr beschäftigt und einige Wochen später bekam ich noch eine Einweihung von ihm und zwei anderen Wesen.

Ich habe danach hinterfragt, was ich damit zu tun habe. Ich fuhr durch Hamburg und musste an einer Kreuzung halten. Da war gegenüber ein Steinmetz; Grabmale HEINRICH. Ich hieß übrigens in meiner letzten Inkarnation Johann Heinrich Thiemann. Ja, und plötzlich blendeten die ersten beiden und letzten beiden Buchstaben aus. Sie waren einfach nicht mehr da. Ich war echt erstaunt. Du auch?

Die Hara-Dimension

„Das Leben hängt an einem silbernen Faden“, sagt man im Volksmund. Genau darum geht es. Man sagt auch: „Komm mal in die Füße. Mach dich mal auf die Socken. Wo bist du denn? Du stehst ja neben dir. Was ist denn in dich gefahren? Was hat dich denn geritten? Bist du von allen guten Geistern verlassen? Da steckt der Teufel drin. Da steckt der Wurm drin!“ und vieles mehr. Oh, wie wahr und doch vergessen! „Kindes Mund tut Wahrheit kund!“ welch Weisheit.

Den ersten Kontakt zu dieser Ebene bekam ich durch das Lesen der Bücher „Lichtheilung“ und „Lichtarbeit“ von Barbara Ann Brennan. Sie sind absolut empfehlenswert. Beide haben als Abschlusskapitel die Hara-Dimension mit guten Zeichnungen und Erklärungen. Ebenfalls von ihrem Geistführer Heonan. Sie wunderte sich über das Phänomen, dass bei einigen ihrer Patienten die Hara-Line verkümmerte und eine neue drumherum entstand. Diese gingen durch ein ziemliches Chaos und sie hatte die Vermutung, dass dort vielleicht eine neue Inkarnation in den eigenen Körper kommen könnte.

An dieser Stelle fängt meine Arbeit an. Ich habe bereits erwähnt, dass ich anfing, Energien zu hören. Erst von Kristallen, dann von Bildern, und plötzlich konnte ich auch die Energie von den Chakren hören. Das Aurasehen war ziemlich verschwunden und kommt nur selten vor. Dann wurde es mir möglich, diese Art des Hörens nach belieben ein und aus zu schalten. Wenn ich diese Wahrnehmung gezielt auf bestimmte Bereiche einstimme, kann ich sie auch vor meinem geistigen Auge sehen, und so entdeckte ich Stück für Stück Dinge, die ich mir nie hatte träumen lassen, die Hara-Dimension wurde für mich sichtbar und sogar Verletzungen aus alten Inkarnationen.

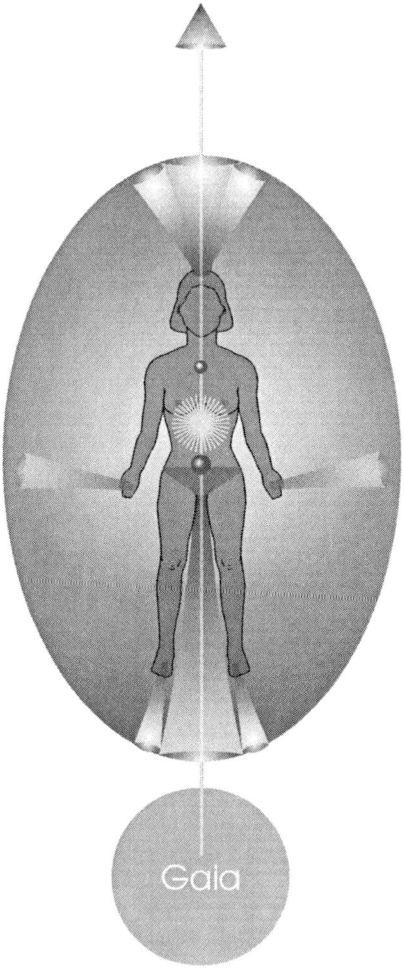

Ist diese Hara-Dimension in Ordnung, erstrahlt sie für mich in violettem Licht. Aus einem Chakra oberhalb der Krone kommt der „silberne Faden“, die Hara-Linie, unsere Inkarnationslinie und geht senkrecht durch die Mitte unseres Körpers bis in die Mitte unserer Erde. So sind wir die Regenbogenbrücke zwischen Himmel und Erde.

Zwei fingerbreit über dem Herz-Chakra ist unser Seelensitz, wo jeder Mensch hinzeigt, wenn er sagt: „Ich!“ Hier sitzt unser Selbstbewusstsein und unser Anschluss zum Göttlichen. In der Höhe des Solar Plexus, unseres Macht-Chakras, ist der Sitz des Seelensterns, der für die Entstehung der Aura und der Chakren verantwortlich ist. In der Höhe der Blase, des Emotional-Chakras, ist die Hara oder das „Tan Tien“. Hiermit erzeugen wir einen Ton, welcher unseren physischen Körper erzeugt.

Unser ganzes Sein im Hier und Jetzt entsteht in der Hara-Dimension. Es ist sehr wichtig, hieran zu arbeiten, wenn wir Probleme in unserer Inkarnation haben. Hier liegen die Schlüssel im Verborgenen, denn die Hara-Dimension ist innen und nicht nach außen wie die Aura und die Chakren.

Was ist passiert?

Als Kinder waren wir voller Selbstvertrauen, spontan, voller Lebensfreude. Wir konnten alles leicht loslassen, und das Leben war ein Abenteuer, denn es gab viel zu entdecken und zu lernen. Doch irgendwie hatten wir alle ab einem bestimmten Alter einen Filmriss.

Was ist passiert? Auf einmal waren da furchtbare Gefühle wie Traurigkeit, Wut und Angst. Sie fingen an, unser Leben zu beherrschen. Irgendetwas stimmte da nicht. Aber was?

Ich kann es dir sagen: „Es stimmte so gut wie gar nichts!"

Unsere Hara-Linie hatte sich nach unten verdunkelt und war vielleicht sogar gebrochen. Wir standen überwiegend nur noch neben uns. Es hatte uns aus unserem Inkarnationsgefäß getrieben, unseren wundervollen Körper und wir waren nicht mehr der Herrscher über uns selbst. Nun konnte alles Mögliche unseren Körper benutzen, der Zugang war frei. Aber dazu später mehr.

Einen großen Anteil hatten unsere lieben Eltern, die uns mehr oder weniger zwangen, zu bestimmten Zeiten still am Tisch zu sitzen und aufzuessen. Das ist die einfachste Methode der Gehirnwäsche. Die Schule tat ihr übriges und wir mussten Zwangszeiten absolvieren mit Menschen, die wir nicht mochten und mit Themen, die wir nur langweilig fanden. Wir als hochfrequent denkende Kinder wurden gezwungen, langsam zu werden und alles im Detail zu erklären. Schon das verschließt jede Hara-Linie. Es ging uns plötzlich nur noch gut, wenn wir etwas machten, was uns große Freue bereitete, oder wenn wir frisch verliebt waren. Dann waren wir „abgehoben" im „siebten Himmel", sahen alles nur noch durch eine „rosarote Brille" und hatten eine „Hoch-Zeit", frei von Problemen. Alles in unserem Leben läuft dann ganz leicht. Auch das möchte ich dir gerne erklären.

Wir haben in unserer Aura eine Membrane, auf der unsere Lernaufgaben und Verletzungen aus vielen Inkarnationen gespeichert sind. Du kannst sie dir vorstellen, wie ein aufgeblasener Luftballon, der an manchen Stellen transparent ist und an anderen wiederum verdickt und undurchsichtig. Ist die Schwingung unserer Aura und Chakren hoch, sind wir offen, so durchdringen wir diese Membrane und sind klar und sehen die Wahrheit. Unsere Mitmenschen verstehen uns, unsere Gefühle und das, was wir sagen. Das Leben ist leicht. Wir sind gesund, unbeschwert und fröhlich. Ist jedoch unsere Schwingung niedrig, weil der Alltag uns eingeholt hat, sehen wir nur noch die inneren Täuschungen, die gespeicherten Verletzungen auf dieser Membrane. Dies erzeugt in unserem Leben Chaos.

Dieses Chaos ist für einige Wesen wünschenswert, denn dann kann man uns gut manipulieren. Mit Bildern, Worten und Schwingungen, die direkt auf diese Membrane zielen und das wird ganz bewusst gemacht. Viele, die an der Macht sind, wissen dies ganz genau. Sie wissen auch, dass wir wieder inkarnieren, dass es den Tod gar nicht gibt. Sie haben uns in vielen Leben gefoltert und hingerichtet auf bestialische Art und Weise. Ob Inquisition, Schafott oder wie auch immer. Alles zielte darauf ab, diese Membrane in der Emotionalaura zu verletzen und mit diesen Gräueltaten zu beschreiben, denn die holen wir uns bei jeder neuen Inkarnation wieder ab.

So manche von diesen Machthabern inkarnieren gezielt dort, wo sie im letzten Leben aufgehört haben, um dann mit dem Gleichen fortzufahren: Machtmissbrauch. – Du glaubst es nicht? Sage mal laut zu jemanden, was du wirklich denkst, fühlst und willst. Vielleicht deinem Chef. Du wirst diese Membrane sofort spüren und wie eine Hitze deinen Rücken emporsteigt. Diese Hitze ist dein göttliches Feuer, die Kundalini, die Schlangenenergie, die in deiner Hara-Linie hochsteigen möchte, und was macht die Membrane? Sie sorgt dafür, dass du Angst bekommst vor deiner eigenen Macht.

Du hast das Gefühl, „den Kopf zu verlieren“! Na, kommt dir das bekannt vor? Bestimmt! Da du es kennst und du auch noch Angst vor der Angst hast, sagst du zu allem „Ja“! Dies erzeugt wiederum Ohnmacht und die Ohnmacht erzeugt Wut, zerstörende Wut! So mancher sieht „Rot“ und rastet völlig aus. Ich war Polizist und kenne tausende solcher Beispiele.

Ist die Hara-Linie in Ordnung, gibt es keinen Streit.

Lasse dir diese Worte wirklich noch einmal durch den Kopf gehen.
Denke einmal darüber nach, was das für alle Menschen bedeutet!

Warum ist die Hara-Linie bei den Menschen nicht in Ordnung?

Was oder wer ist dafür verantwortlich?

Warum kann man nichts darüber lesen
und warum lehrt man uns das nicht?

Wo ist da der Haken?

Wo ist der Schlüssel, der das beendet?

Ja, solche Fragen habe ich mir gestellt und das solltest du auch tun! Und ich habe viele Antworten gefunden, von denen ich dir einige in diesem Buch geben werde. Allerdings ist es deine Entscheidung, ob du sie annimmst oder nicht. Du hast die „Freie Wahl“, oder?

Du hast die „Freie Wahl“, oder?

Ja, du hast die freie Wahl, aber du kannst dir sicher sein, das du dir nicht sicher bist, wie sie funktioniert! Ich werde dir erklären, wie ich das meine.

Die positiven Gott zugewandten Mächte des Lichtes und der Liebe achten deinen freien Willen und greifen nur in absoluten Notfällen ein, damit du deine Inkarnation im Hier und Jetzt weiterführen kannst. Willst du dich beschleunigt weiterentwickeln und ihre Hilfe dafür in Anspruch nehmen, dann musst du sie dazu legitimieren. Das ist absolut wichtig, sonst dürfen sie dir nicht helfen!

Die Mächte der Finsternis sind Profis im Täuschen und nutzen jede nur erdenkliche Möglichkeit, dir deine Macht zu nehmen. Für sie ist das ganz leicht, denn du wurdest so erzogen. Das Grundprinzip ist in jedem Land dieser Erde gleich, nur die Facetten sind anders.

Ich gebe dir zwei wunderbare Beispiele:

Am Anfang war das Wort und das Wort war bei Gott, es ist das Licht des Menschen und so weiter - dies kannst du am Anfang des Johannes Evangeliums nachlesen. Früher hatte es wirklich großes Gewicht, sein Wort zu geben. Stimmt, aber es ist jetzt immer noch so.

Also, deine Macht ist in deinem Wort, in deiner Stimme und du hast die freie Wahl. Nun kandidieren Parteien und möchten, dass du sie wählst. Du gehst dann zur Wahl, machst ein X in einen roten Kreis, gibst deine Stimme ab und wirfst sie dann in ein „Urne“! Dies ist ein magisches Ritual. Du beerdigst deine Stimme. Du trägst deine Macht zu Grabe! Das X ist eine magische Rune und steht für Partnerschaft. Tja und was machen diejenigen, die du gewählt hast mit dir? – Denk mal darüber nach!!!!!!

„Ehe“ ist ebenfalls ein magisches Wort, du kannst es vorwärts wie rückwärts lesen, es bleibt gleich, anders als bei EIN und NIE. Nun heiraten viele und „ehe“ (= bevor) sie sich versehen, steckt ihre „Ehe“ in der Krise. Warum? Ganz einfach, sie haben versprochen, die Bindung untereinander zu halten, in guten wie in schlechten Zeiten, bis der Tod sie scheidet. Es gibt aber keinen Tod und so sind sie alle wieder da, die alten Ehepartner. Oft sogar in der eigenen Familie, Kind, Mutter, Bruder, Schwester, Chef etc. Alle fordern sie unbewusst ihr altes Eherecht ein und das gibt viel Ärger!

„Was kann ich dagegen tun?“ wirst du dich jetzt fragen.

Wahrlich, ich sage dir: „Es ist so einfach, dass du nie darauf kommst!“

Ich gebe dir hierfür ein weiteres Beispiel, das dir zeigt wie es geht. Es funktioniert allerdings nur ein einziges Mal. Probiere es sofort aus, bevor du bis zur Lösung liest, damit du wirklich diese Erfahrung machen kannst!

Hole dir irgend einen Gegenstand auf dem ein Barcode (Strichcode) ist. Dein Haus ist voll davon. Mache einen kineologischen Test. Diesen Armtest kannst du ganz einfach mit einer zweiten Person machen. Halte den Arm waagerecht von dir und lasse ihn herunterdrücken. Wie stark bist Du? Dann schaue auf den Barcode und dann teste es noch mal. Wie viel Kraft hast du jetzt noch? – Bist du allein, kannst du das Gleiche machen, indem du Daumen und Zeigefinger zusammenlegst, von beiden Händen und daraus ineinandergesetzte Ringe formst. Drücke die Finger fest aneinander und ziehe die Hände auseinander.

Wie stark bist du? Dann schaue auf den Barcode und dann teste es noch mal. Wie viel Kraft hast du jetzt noch? – Erstaunt?

Die alten Hopi Indianer hatten eine Vision, dass das Übel auf der Welt die Macht übernommen hat, wenn man nichts mehr kaufen kann ohne das Zeichen der Krallen des Bären *(senkrechte Doppelstriche an der Baumrinde)*. Der Apostel Johannes hat auch darüber geschrieben. Wenn man nichts mehr kaufen kann ohne die Zahl des Bösen, ist die Zeit der Apokalypse gekommen. Es ist die Zahl eines Menschen, die Zahl 666. Sie ist in jedem Barcode enthalten, der längere Doppelstrich am Anfang, in der Mitte und am Ende des Strichcodes. Suche eine geschriebene 6 auf dem Strichcode, dann erkennst du es sicher selbst. Es fördert die Gier im Menschen und schwächt uns.

Jetzt weißt du, was er bedeutet. Willst du diesen Einfluss auf dich?
Sicher nicht.

Die Lösung ist ganz einfach. Sage: „Nein, ich will das nicht!“ Streiche den Barcode in Gedanken durch. Das war alles. Du bist diesen Einfluss für immer los.

Mache den Test jetzt noch einmal. Wie fällt er jetzt aus?
Schwächt es dich noch? - Sicher nicht!

So einfach ist das. So einfach ist es mit allen Dingen, wenn du weißt wie! Erinnere dich. Du bist kein Mensch, der hier eine spirituelle Erfahrung macht. Du bist ein spirituelles Wesen, das hier eine menschliche Erfahrung macht!

Lerne wieder „Nein“ zu sagen. Entscheide dich für dich selbst. Für deinen Weg. Es ist deine Lebenszeit, dein Körper, dein Leben und deine Inkarnation. Es ist deine freie Wahl. Wähle den richtigen Weg. Sage „Nein,“ und achte dich selbst. Du ehrst damit denjenigen, zu dem du „Nein“ sagst, denn du bist ehrlich zu dieser Person. Lasse dir Zeit beim Antworten und sage nur noch, was du wirklich willst. Alles andere ist Zeitverschwendung, Lüge und Betrug an dir selbst und deinen Brüdern und Schwestern.

Die Entdeckung

Nun wieder zu dem, was ich am Anfang versprach. Ich wollte wirklich wissen, was die Hauptursache unserer Probleme ist, und da wird es etwas außerirdisch.

Ich habe wirklich zwei Jahre lang versucht, mich dem zu nähern. Jedes Mal, wenn ich es tat, gab es Streit, das Telefon klingelte, es klingelte an der Tür, irgendetwas viel um, oder ich hatte plötzlich vergessen, was ich wollte. So etwas kennst auch du! Ich schrieb es mir auf und konzentrierte mich auf mein Hören von Energien. Da wurde an mehreren Stellen im Körper etwas dunkles sichtbar, was sich sogar bewegte. Kurz darauf rief mich ein befreundeter Reikimeister an, ein Schlagzeuger. Er hatte einen Auftritt und konnte wegen starker Magenkrämpfe nicht spielen. Er bat mich um Hilfe. Ich schaute nach, denn ich habe dank meines Hörens auch eine gute Fernwahrnehmung. Da sah ich zum ersten Mal ein komplettes ätherisches Implantat in der Hara-Dimension. Es sah aus wie ein zusammengerollter, glasklarer, aufgeblähter Wurm mit einem dicken, ovalen Kopf. Er lag da fast wie ein Ying und Yang Zeichen und platzte aus seinem Macht-Chakra heraus. Ich entsorgte dieses Teil und reparierte die Aura meines Freundes. Seine Magenkrämpfe waren augenblicklich verschwunden. In der darauf folgenden Nacht bekam ich den Schlüssel zur Entfernung dieser Implantate und viele Erklärungen dazu. Das war wirklich beeindruckend. Was hatte man da mit uns angestellt? Ich fühlte mich absolut abgehört, misshandelt und noch einiges mehr, wozu ich später noch mehr schreibe.

Kennst du die Stargate Filme? Diese Filme kommen der Realität im Hier und Jetzt sehr nahe, zumindest was diese Würmer, die „Goa'uld", betrifft, die den Menschen als Wirt benutzen, und darüber möchte ich dich jetzt aufklären.

Die ätherischen Implantate

Diese Entdeckung kostete mich kurze Zeit später fast das Leben. Denn irgend jemanden gefiel meine Entdeckung gar nicht. Ich habe es überlebt, und du kannst unbesorgt sein, die Zeit dieser Angriffe ist vorüber. Außerdem bekommen alle, die mit Ela Ta Sin arbeiten, einen gigantischen Schutz von den Elohim.

Doch nun zu den ätherischen Implantaten. Wir bekommen sie schon im Bauch unserer Mutter oder auch einfach nur durch ein Telefonat. Bisher hatte ich in den letzten Jahren nur mit zwei Personen zu tun, die keine dieser Implantate in sich hatten.

Das Erste sitzt im Kopf, direkt an der Zirbeldrüse und manipuliert unsere Gedanken. Es sind die kreisenden, immer wiederkehrenden Gedanken. Ist dieses Implantat entfernt, ist im Kopf Ruhe, absolute Stille. Kopfschmerzen hören dann meist auch sofort auf. Außerdem werden unsere Gedanken von dort telepathisch weitergeleitet, was so oft zu Störungen im Außen führt, die uns von unserem Weg abhalten sollen. Mit anderen Worten, man erwischt dich immer dort, wo du am angreifbarsten bist.

Das Zweite sitzt hinten im Herz-Chakra, mitten in unserem Willen zur Selbstheilung. Haben wir auch nur das kleinste Wehwehchen, denken wir sofort das Schlimmste und schreien nach Hilfe. Wir geben unsere Macht ab. Die Macht, uns selbst heilen zu können.

Das Dritte hat seinen Sitz direkt in unserem Macht-Chakra und beeinflusst unser vegetatives Nervensystem, sperrt den Zugang zu unserem Herz-Chakra und ist auch eine Ursache für die Schüttellähmung (Parkinson) und epileptische Anfälle. Hier durfte ich einige Erfahrungen machen.

Das Vierte treibt sein Unwesen im Emotional-Chakra und ernährt sich von negativen Emotionen. Ist auch nur der geringste Ansatz von Traurigkeit, Depressionen, Wut, Angst, Hass, Neid und ähnlichen Gefühlen da, werden sie sofort durch dieses Implantat verstärkt. Die Auswirkungen sind weltweit zu sehen. Du brauchst nur darauf zu achten, wie Menschen miteinander umgehen.

Das ist das Einzige, was ich zu diesen Manipulatoren im Moment schreiben darf.

Ela Ta Sin ist die Möglichkeit, uns von diesen Manipulationen zu befreien und uns davor zu schützen. Sie gehören nicht zu unserem Sein. Sie wurden von außerirdischen Wesenheiten in unser Energiesystem eingebracht, um uns wie Rinder zu halten.

Ela Ta Sin ist wirklich ein Segen der Gnade und Barmherzigkeit.

Meine Probleme sind seitdem verschwunden. Ich bin frei von Ängsten und habe mit niemandem Streit. Mein Leben ist voller Liebe, Friede und Freude. Und ich freue mich von ganzem Herzen, wenn es anderen auch so geht.

Fremdbesetzungen

Ein wichtiges Thema sind Fremdbesetzungen durch verstorbene Menschen. Sie verlassen ihren Körper und haben sieben Tage Zeit, ins Licht zu gehen. Doch oft tun sie es nicht, aus den unterschiedlichsten Gründen. Ihre untersten drei Körper, der physische, der emotionale und der Mentalkörper lösen sich langsam aber sicher auf. Sie brauchen diese Energien im Hier und Jetzt und so müssen sie sich an lebende Menschen heften. Sie setzten sich sehr oft im Emotional-Chakra fest. Für uns ergibt sich daraus, dass wir auch ihre Gefühle, Gedanken, Probleme und auch Krankheiten mit uns herumschleppen. Sie prägen unsere Resonanzen im Außen mit ihren Eigenen und auf einmal häufen sich die Probleme in unserem Sein und wir verstehen die Welt nicht mehr. So mancher wird uns dann fragen: „Was ist denn in dich gefahren!“

Ich weiß genau, wovon ich spreche, denn ich hatte als Polizist viel mit Toten zu tun. Vier davon habe ich über vierzehn Jahre mit mir herumgeschleppt. Das Ergebnis waren Kreislaufkollaps, Krebs, Albträume, Ängste und ein absolutes Beziehungschaos.

Alles, was damit zusammenhängt, würde ebenfalls Bücher füllen und sprengt diesen Rahmen. Wir müssen unsere Inkarnationen frei von diesen Fremdbesetzungen leben können und sie müssen nach Hause und sich dann frei entscheiden, ob sie neu inkarnieren wollen oder nicht.

Es gibt einen Rückholauftrag für verwaiste Seelen. Mit Ela Ta Sin kann man sie nach Hause schicken. Schluss mit diesen Problemen.

Weitere Fremdbesetzung sind Krankheiten, ja Krankheiten. Bakterien sind für mich nur einzelne Zellen eines Wesens, dessen wirklicher Körper auf einer völlig anderen Ebene existiert. Genauso ist es mit Alkohol. Denk mal an den Geist des Weines. Es gibt sogar teuren Wein, auf dem dieser Geist abgebildet ist. Kein Scherz.

Es ist ähnlich wie mit den Ameisen. Es sind einzelne Zellen auf sechs Beinen, während der Kopf im Bau geschützt liegt als Königin. Gelbsucht ist ein gelbes ätherisches Wesen, Scharlach und Röteln sind rote Wesen. Können wir sie wahrnehmen, können wir sie wegschicken. Es ist das gleiche Prinzip, wie mit dem „Nein“.

Für mich sind Krankheiten unwichtig. Ich brauche sie nicht mehr für mein Lernen. Für mich ist wichtig, dass alle Energien im Körper wieder fließen können und dass die Erkenntnis der Ursache einer Krankheit da ist, dann muss die Selbstheilung folgen. In meinem Engelbuch habe ich dazu folgendes geschrieben:

„Heilung bedeutet einfach eine Neudeutung dessen, was Dir nach Deinem Glauben widerfahren ist. Mit anderen Worten: So lange, wie du ein Problem mit dir herumträgst, in welcher Form auch immer, bist du dir noch nicht im Klaren, warum es so ist, wie es ist. Es fehlt dir also noch die Erkenntnis über die Ursache des Problems! Hast du die Erkenntnis, so muss sich die Krankheit, Situation oder was auch immer dich bedrückt, wandeln.“

Bei der dritten Möglichkeit von Fremdbesetzungen geht es so langsam in den Exorzismus. Angefangen von Astralwesen bis hin zu schwarzen Engeln gibt es da viel, was uns auf den Nerv gehen kann. Wie gesagt habe, ich mehrere solcher Angriffe überlebt. Das hat mich stark gemacht, und ich bin da frei von Angst.

Mit Ela Ta Sin ist man davor geschützt, denn keine dieser Wesen schafft es mehr, sich in unseren Körper zu schleichen. Damit ist absolut Schluss. Dafür danke ich den Elohim.

Die ätherische Licht-DNS

In der Zeit vom 16. Juni – 28. August 2004 wurde die Saat für die neue ätherische Licht-DNS in unser Energie-System installiert. Seit Oktober 2004 wurde ich trainiert, diese Licht-DNS bei den Menschen zu aktivieren. Am 24.4.2005 bei Vollmond trat die Erde in die 5te & 6te Dimension ein, und somit ist es möglich, diese ätherische Licht-DNS innerhalb von Sekunden zu aktivieren. Sinn des Ganzen ist das totale Erwachen, Löschung von Karma, Befreiung von Manipulationen, Heilung unseres Energiesystems und unseres Körpers, Aktivierung der interdimensionalen Wahrnehmung & Telepathie, Aktivierung des Göttlichen Willens und Vorbereitung der Inkarnation unseres Kosmischen Selbstes bis hin zur Zellularen Ebene im Hier und Jetzt!

Im Oktober 2004 passierte während eines Reiki-Seminars, Folgendes: Dabei waren zwei Meisterinnen, die mir bei den Einweihungen zusahen. Mitten in diesen Einweihungen konnte ich mich plötzlich nicht mehr bewegen. Ein Stimme sagte mir: „Geh bei Seite, wir zeigen dir jetzt, wie es geht!“ Drei Wesen wurden auf dieser Ebene sichtbar, und wir drei konnten beobachten, wie eine Reiki-Einweihung wesentlich schneller und einfacher geht. Ich war zwar in der vorherigen Nacht darauf vorbereitet worden, allerdings kam es trotzdem sehr überraschend.

Danach kam eine große, nächtliche Trainingszeit auf mich zu, in der ich über die Licht-DNS und den Sinn des Ganzen aufgeklärt wurde. In den folgenden Monaten half mir Inashra, unser Medium, den Kontakt auch tagsüber zu den Ebenen der Elohim zu halten und weiter zu forschen, was Ela Ta Sin ist und wie es funktioniert.

Ich hörte einfach auf, Reiki-Seminare zu geben und forschte und lernte weiter. Ich begann, Grafiken zu machen über das, was ich in der Hara-Dimension wahrnehme. Außerdem lief die Arbeit an meinen musikalischen Kompositionen auf Hochtouren.

Ich wurde jede Nacht geweckt mit den Worten: „Ronald, steh auf, es gibt was zu tun!“

Nun ja, eines Nachts erzählte man mir, dass ich die ätherische Licht-DNS bei den Menschen öffnen solle. Es wurde mir gezeigt wie, und ich tat es bei jeder Gelegenheit, bei Heilungen und auch bei Auravideoterminen. Es ist schon unglaublich, wie gut es den Menschen dabei geht. Ich hatte allerdings auch sehr damit zu kämpfen, denn ich bekam auch die Information, dass nur diejenigen den Aufstieg auf der Erde und mit der Erde schaffen, bei denen diese Licht-DNS geöffnet ist. Es sei meine Aufgabe, dies weltweit zu verbreiten. Ich kann euch sagen, das hat mich ganz schön geschafft, denn es ist eine große Verantwortung. Gut, ich habe sie angenommen. Ab März 2005 fing ich an, Vorträge darüber zu halten und in diesem Licht-Vortrag meine Grafiken zu zeigen. Ab September 2005 sollte ich dann Seminare in Ela Ta Sin geben. Ich habe mich dann gefragt, wie ich das nur schaffen soll. Von Oben kam dann: „Du schaffst das schon, du hast das schon einmal gemacht!“ Also setzte ich mich hin und schrieb das Konzept für das Ela Ta Sin Seminar.

Ich flog mit meiner geliebten Karin nach Gomera, um dort Auravideo zu machen und Vorträge zu halten. Es klappte gar nichts, denn dort herrschen sehr merkwürdige Zustände. Aber dann geschah auf einer Fähre etwas sehr Wichtiges. Ich saß ganz vorn, konnte aber wegen des schlechten Wetters durch die Scheiben nichts sehen. Ich schloss die Augen und sah plötzlich alles, das Meer und die Felsen von Gomera. Ich öffnete immer wieder die Augen und konnte durch die nassen Schiffsfenster das Gleiche undeutlich sehen. Also schloss ich die Augen und die Sicht wurde wieder klar. Da kam Jesus auf mich zugeflogen, sah mich an, zeigte mir viele Gesichter und sagte: „Danke, ihr seid Säulen in der Brandung meines Herzens!“ - Es war die Rückreise und es hat mich sehr bewegt.

Im September 2005 gab ich das erste Ela Ta Sin Seminar, nachdem ich den ersten Teilnehmern abgesagt hatte, war das Seminar schon zwei

Tage später wieder voll besetzt. Ich hatte keine Ahnung, ob es mit dem Seminar klappt, und die Einweihungen funktionieren würde. Am Morgen des ersten Seminartages sagte ich es noch meiner geliebten Karin. Von Oben hörte ich nur: „Rede keine Quatsch, du weißt es ganz genau!"

Ja, irgendwie schon, aber es ist immer noch etwas Anderes, ob man durch Erfahrung oder Ausbildung auf dieser Ebene lernt, wie bei Reiki, oder durch Visionen.

Ich kann dir nur sagen, dass dieses erste Ela Ta Sin Seminar wirklich alle Erwartungen übertraf, bei mir, wie bei den Teilnehmern. Das Konzept stimmte auf die Minute, was ich noch nie erlebte, zumal ich in diesem Leben noch niemals ein Konzept aufgestellt habe. Dieses Buch habe ich auch gestern angefangen zu schreiben!

Die Einweihungen waren dann so sensationell und intensiv, dass ich es kaum aushalten konnte. Es ist darin so viel Liebe enthalten. Ich konnte es kaum glauben.

Inzwischen habe ich den dritten Kurs gegeben und noch viel mehr verstanden. Man zeigte mir das Energiepotential unserer Wirklichkeit. Reiki macht davon ungefähr 30% aus. Ela Ta Sin ergänzt dies auf über 70%, und es kommt noch mehr auf uns zu. Welch ein Segen.

Die Einweihungen in Ela Ta Sin

Durch die Einweihungen in Ela Ta Sin werden die alte Hara-Linie, die ätherischen, negativen Implantate und Fremdbesetzungen entfernt. Wir inkarnieren in den eigenen Körper neu, ohne zu vergessen und erhalten einen neuen Inkarnationsauftrag. Das alte Karma wird dadurch gelöscht. Die Licht-DNS für unseren Aufstieg wird in der Hara-Linie geöffnet, und wir bekommen einen Schutz gegen Implantate und Fremdbesetzungen. Die innere Merkaba steigt auf und verbindet sich mit allen Aspekten unserer Existenz. Unsere interdimensionalen Ohren öffnen sich und fangen an, ihre Informationen über die Chakren (Akupunkturpunkte) der Ohren in unser Energiesystem fließen zu lassen. Das Hals-Chakra, vorn und hinten, dreht sich zur Seite und legt sich auf die Schultern, um sich mit den Ying und Yang Chakren zu verbinden. Hiermit nehmen wir unsere Göttlichkeit an. Die Kundalini steigt ungehindert auf und verbindet sich mit der Hara-Linie. Die Organe fangen an, sich in eine kristalline Form zu transformieren. Dies ist nur der Anfang.

Es ist ein Teil von dem, was ich wahrnehme, was ich erfahren habe und nur das, was ich bis jetzt weitergeben darf.

Auf der nächsten Seite zeige ich dir Grafiken von einer alten, gesunden Hara-Linie und von der neuen nach der Einweihung in Ela Ta Sin. Lass sie auf dich wirken, und fühle in dich hinein.

Was fühlst du da dabei? Wie fühlt es sich für dich an? Deine Gefühle sagen dir die Wahrheit und nicht dein Verstand.

Die Hara-Dimension

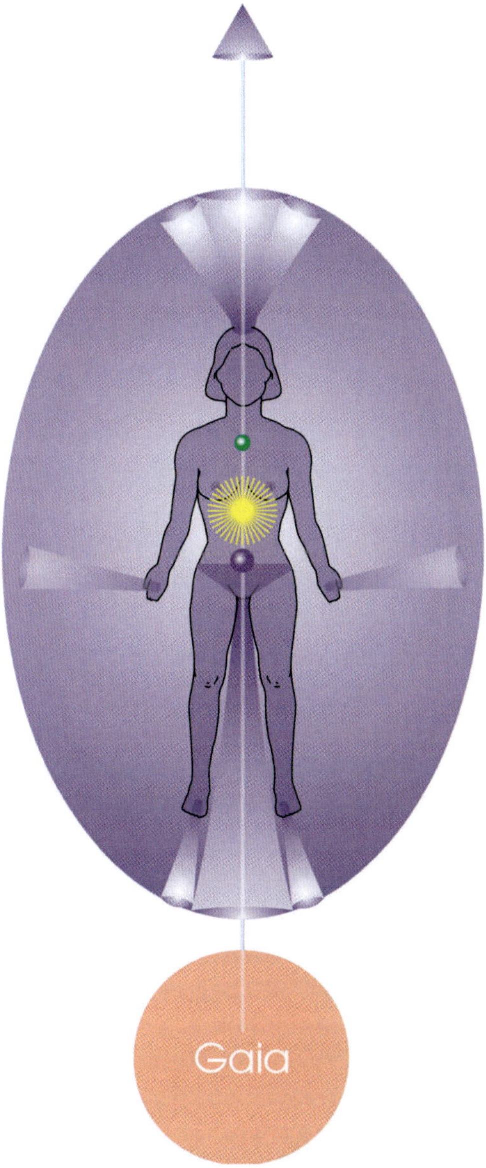

vor der Einweihung mit Ela Ta Sin

Die Hara-Dimension

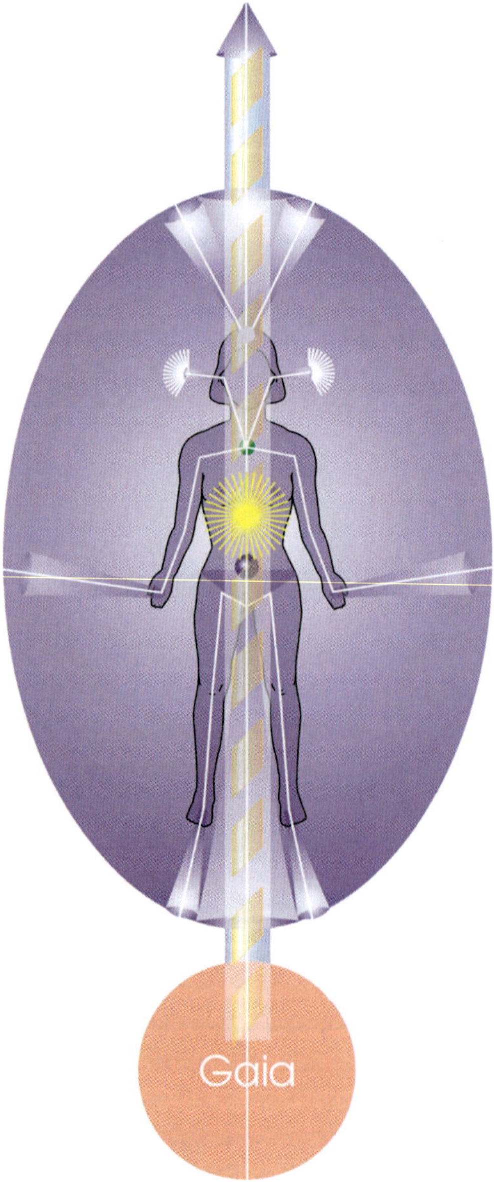

nach der Einweihung mit Ela Ta Sin

Der Ela Ta Sin Vortrag

Seit März 2005 habe ich den Auftrag der Elohim, über meine Arbeit mit Ela Ta Sin Vorträge zu halten. Hier der Inhalt meines Flyers:

Ela Ta Sin

Die Energie der Elohim

Erdung und Heilung in der Hara-Dimension
& die Öffnung der neuen ätherischen Licht-DNS

Licht-Vortrag mit anschließendem Workshop
mit Ashron El Mogar Ba

Seit März 2005 ist der Menschheit eine neue Energieform für die Beschleunigung unserer Weiterentwicklung zugänglich:
„Ela Ta Sin"!

In der Sprache der Elohim bedeutet es soviel wie
„Gnade & Barmherzigkeit"!

Ashron El Mogar Ba erklärt in seinem Licht-Vortrag, was diese Energie bedeutet, wie er damit arbeitet und zeigt anhand von Grafiken und Beispielen, wie ihre Anwendung wirkt. Außerdem läßt er die Teilnehmer an dieser Energie teilhaben, was für alle ein spürbares und schönes Ereignis ist!

Ashron El Mogar Ba sagt dazu: „Unser Energiesystem, der Aura und Chakren, entsteht in der Hara-Dimension. Bei den meisten Menschen ist die Erdung in der Hara-Dimension beschädigt und manipuliert. Die Folgen: Stress, Ärger, Krankheit und Chaos! Das lässt sich ändern und zwar sofort! Dieser Licht-Vortrag soll die Augen und das Herz für diese Ebene öffnen und jedem die Möglichkeit geben, richtig geerdet zu sein und damit die eigenen Aura & Chakren wieder zum leuchten zu bringen. Ist die Erdung offen, ist das ganz leicht! Dies ist eine fühlbare Erfahrung und ein Erwachen in einer neuen Realität! 2004 wurde bei uns Menschen die Saat für die neue Licht-DNS angelegt. Meine Mission ist es, diese bei den Menschen zu aktivieren..... wenn ihr denn wollt! Lasst euch überraschen! Selamat Gajun! Selamat Kasijaram!" (Sirianisch: Seid Eins! Seid gesegnet in Liebe und Freude!)

Ronald Hoth - Ashron El Mogar Ba arbeitet seit 1995 als Meister des Reiki, spiritueller Lehrer, Heiler und Schamane. Er wurde von Sananda persönlich initiiert, den Weg des Heilens zu gehen. Seine Spezialgebiete sind: Spirituelle, gechannelte, musikalische Kompositionen für die neue Erde unter dem Namen ASHRON, Auravideo, Clearing von Fremdenergien, Inkarnations-Rückführungen, Heilungen in der Hara-Dimension, Öffnung der ätherischen Licht-DNS mit Ela Ta Sin, schamanische Reisen & das New Dimension Reiki!

Das Ela Ta Sin Seminar

Hier möchte ich dir den Inhalt des Ela Ta Sin Seminars mitteilen. Es ist die Basis von Ela Ta Sin. Danach werde ich die Möglichkeiten aufzeigen, die man nach der Ausbildung hat. Hierzu möchte ich noch anmerken, dass man nur nach Absprache mit den Elohim an diesem Kurs teilnehmen kann. Allerdings kannst du sicher sein, dass auch du von ihnen geführt wirst, dich hierfür zu interessieren, wenn es deinem Weg entspricht. Ich bekomme dann Informationen von ihnen, ob vor dem Kurs die betreffenden Teilnehmer noch etwas erledigen sollten und gebe diese weiter. Natürlich helfe ich dabei.

Die „Ela Ta Sin" Einweihung der Elohim und das anschließende Coaching sollen die Lichtarbeiter & Starseats so aktivieren, dass sie selbst diese Einweihung weitergeben können, um dem göttlichen Plan der Transformation der Erde und der Menschen zum galaktischen Menschen zu dienen, zu folgen und ihn zu beschleunigen!

Diese Mission erfülle ich mit größter Liebe, Achtung & Demut und erbitte hierfür göttlichen Segen, göttliche Führung und göttlichen Schutz! So sei es, OM, Friede, Shalom, Amen

Selamat Gajun! Selamat Kasijaram!

Ashron El Mogar Ba

Inhalt des Seminars

A. Vortrag über die neue ätherische Licht-DNS (Lichtvortrag)

1. Die Merkaba
2. Aufbau des Emotional-Körpers & Chakren
3. Die Wahrheit der Symboliken der Chakren
4. Sitz von energetischen Implantaten
5. Aufbau der Hara-Dimension
6. Die ätherische Licht-DNS und ihre Öffnung
7. Beispiele der Veränderung in der Aura bei der Öffnung der Licht-DNS
8. Übungen zur Wahrnehmung dieser Veränderungen
9. Übungen: Funktionen der Täuschung durch unseren Verstand
10. Übung zur Wahrnehmung der Aura
11. Kosmische Hinweise – Bilder vom Hubble Teleskop und Korn kreise
12. Vorstellung medialer Kompositionen von Ashron El Mogar Ba

B. Einweihung der ätherischen Licht-DNS

Aurafoto & Video vorher

1. Öffnung der Erdung in der Hara-Dimension
2. Clearing von Fremdenergien
3. Entfernung von energetischen Implantaten
4. Einweihung & Öffnung der ätherischen Licht-DNS
5. Öffnung der interdimensionalen Ohren
6. Öffnung der Chakren in der Licht-DNS
7. Reinkarnation in den eigenen Körper
8. Energetischer Schutz gegen Fremdbesetzungen & energetische Implantate

Aurafoto & Video danach und Besprechung der Veränderung

C. Ela Ta Sin Coaching Part I – Mündliche Überlieferung

1. Schamanische Lösung
   Lösen von energetischen Bändern
   Magische Lösung mit der 8
   Chakra Lösung
   Schwert Lösung
2. Lösung von Beeinflussungen
   Familienaufstellung in Sekunden
   Lösung von Fremdeinflüssen
   Lösung von interdimensionalen Einflüssen
3. Annahme der eigenen Macht
   Ritual zur Annahme der eigenen Macht
   Meditation: Verbindung mit dem kosmischen Selbst
4. Der neue Schutz
   Schutz von St.Germain
   Telepathische Kugel
   Der telepathische Kanal
5. Arbeit mit den Lasern der Finger
   Öffnen von Chakren, Meridianen & Kundalini mit der Chakra-Card
   Öffnen von Chakren, Meridianen & Kundalini am Körper

D. Coaching Part II – die Einweihung der ätherischen Licht-DNS

1. Schutz-Gelübde: Bindung an die Mächte des Lichtes und der Liebe
2. Wahrnehmungsübungen in der Hara-Dimension
3. Schlüssel zur Entfernung von Fremdbesetzungen
4. Schlüssel zur Entfernung von energetischen Implantaten
5. Gebet & Symbol zur Einweihung der ätherischen Licht-DNS
6. Einweihung der ätherischen Licht-DNS
7. Öffnung der interdimensionalen Ohren
8. Reinkarnation in den eigenen Körper
9. Einbau des Schutzes gegen Fremdbesetzungen und Implantate

E. Coaching Part III – die Einweihung der ätherischen Licht-DNS

1. Die Einweihung LIVE anwenden mit Hilfe und Führung der Mächte des Lichtes und der Liebe!
2. Besprechung und Austausch der Wahrnehmungen
3. Abschlusseinweihung der Elohim

D. Coaching Part IV – Interdimensionales Channeling

Informationen von den Elohim für den eigenen Inkarnationsauftrag mit dem unserem Medium INASHRA und Beantwortung von Fragen! Das Channeling betrifft zunächst alle Teilnehmer und wird dann in persönlichen Gesprächen weiter geführt.

Parallel kann jeder noch eine Einweihung in die weibliche, göttliche Energie von Karin bekommen, was die Ying und Yang Kräfte miteinander vereint. Alle bisherigen Teilnehmer sind von beidem absolut begeistert.

Seminarleitung: Ashron El Mogar Ba / Ronald Hoth & Karin
Anzahl der Teilnehmer: 4 – 10 Personen
Dauer des Seminars: 2 Tage inkl. Übernachtungsmöglichkeit
Die Anreise am Freitag Abend ist möglich!

Seminarablauf:

Samstag:

11:00 h	Vortrag über die neue ätherische Licht-DNS
13:00 h	Einweihung der ätherischen Licht-DNS
14:00 h	Mittagspause
15:00 h	Coaching Part I – Mündliche Überlieferung
17:00 h	Coaching Part II – Einweihung der ätherischen Licht DNS
19:00 h	Abschluss des ersten Tages

Sonntag:

10:00 h	Coaching Part II – Wiederholung/Vertiefung der Themen
13:00 h	Mittagspause
14:00 h	Coaching Part III – Einweihung der ätherischen Licht-DNS
16:00 h	Pause
16:30 h	Coaching Part IV – Interdimensionales Channeling
19:00 h	Ende des Seminars

Zu dem Seminar gehören eine Urkunde mit Aurafoto, sowie ausführliche Seminarunterlagen mit Grafiken, die am Ende des Seminars ausgehändigt werden.

Die Anwendung von Ela Ta Sin

Nach diesem Ela Ta Sin Basis-Seminar, kannst du andere von Fremdenergien und Implantaten befreien, ihnen die Hara-Linie öffnen, und ihnen helfen, ganz in den eigenen Körper zu inkarnieren. Ebenso ist es möglich, ihnen einen Schutz gegen erneute Fremdbesetzungen einzusetzen. Einen Teil der Einweihungen, kannst du ebenfalls weitergeben, und so andere an die Ela Ta Sin Energie anschließen, und ihre Licht-DNS öffnen.

Du kannst diese Arbeit in jede andere Arbeit integrieren, wie zum Beispiel Reiki. Reiki fließt dann wesentlich stärker. Somit ist Ela Ta Sin für Reikimeister, und alle die mit Reiki mehr arbeiten wollen, geradezu ideal, selbst ab dem ersten Grad.

Sei kreativ, und spiele mit dieser Energie, so lernst du am schnellsten, wie Ela Ta Sin funktioniert. Habe etwas Geduld, es dauert etwas. Von oben kam: „Ihr ElaTaSiner seid Nestflüchter, und es dauert eben etwas, bis die Flugfedern gewachsen sind."

Deine Absicht, Ela Ta Sin zu nutzen, ist dafür entscheidend. Es geht sofort los, denn du bist der Kanal, und es reicht, wenn du zuschaust, was passiert. Du bekommst viel Hilfe von den Elohim dabei! Du kannst dabei absolut nichts falsch machen! Du bist der Kanal!

Hier möchte ich noch eine Anmerkung zum Thema Macht machen. Die Arbeit mit Ela Ta Sin ist KEINE Manipulation. Du befreist deine Brüder und Schwestern lediglich von den Manipulationen, die sie gefangen halten, und gibst ihnen damit die Möglichkeit, mit IHRER EIGENEN ENERGIE IHREN EIGENEN WEG im Hier und Jetzt zu gehen. Ebenso befreist du sie von FREMDEM KARMA, und beeinflusst in keiner Weise ihre Lernaufgaben und ihr eigenes Karma. Kommen sie zu dir, so kannst du dir sicher sein, dass sie zu dir geführt wurden, weil ihre Seele das will, und du die Möglichkeit hast, ihr bei dieser Aktion zu helfen.Sei gesegnet in deinem Tun mit Ela Ta Sin, und möge der Himmel dich alle Zeit führen!

Bitte bedenkt, dass ich der Erste bin, der auf der Erde diese Energie verbreiten soll. Daher bin ich auch immer weiter am forschen, was Ela Ta Sin für Möglichkeiten bietet, was bei den Einweihungen und der Anwendung passiert, und natürlich auch wie es weiter geht!
Ich werde alle ElaTaSiner immer wieder per E-Mail informieren, so dass sie auf dem neuesten Stand sind!

Von den Elohim wird mein Forschungsdrang erfreut aufgenommen, aber mit dem Hinweis, habe Geduld, denn die negativen Kräfte auf der Erde sind immer noch sehr stark!

Insofern noch einmal die eindringliche Bitte: Achtet euer Umgehen mit dieser Energie der Gnade und Barmherzigkeit. Geht liebevoll damit um! In dem Maße, in dem ihr es mit Achtung und Liebe nutzt, werdet ihr weitere Hinweise von den Elohim bekommen, auch über die Symbolik!

Darüber schreibt bitte absolut nichts im Internet. Dies ist die Bitte der Elohim. Ebenso nicht darüber, was ihr genau macht, ihr habt alles wichtige in den Unterlagen!!!

Wenn ihr mir etwas sagen wollt dazu, dann per Telefon oder persönlich. Ich sehe dann schon die passenden Bilder, ohne dass ihr alles sagt!

Einige Dinge, über die Ela Ta Sin Einweihungen und das Symbol, darf ich noch nicht weitergeben, wenn es so weit ist, werde ich euch auch darüber informieren!

Der Ela Ta Sin Meistergrad

Zunächst eine wichtige Info von den Elohim, gechannelt durch Inashra am 1.2.2006!

„Ela Ta Sin wird langsam zweckentfremdet, was die Nutzung betrifft. Überprüft das bitte für euch selbst. Es soll keinesfalls wegen des Geldes genutzt werden. Ihr sollt natürlich einen Ausgleich dafür nehmen. Bedenkt bitte, dass ihr Zeit braucht, um die Arbeit mit dieser Energie in euer Sein zu integrieren.

Es soll in Zukunft die Möglichkeit geben, das El Mogar Ba euch auch beibringt, wie ihr als Ela Ta Sin Ausbilder oder Meister andere ausbilden könnt. Er hat unsere Erlaubnis dafür, aber es ist noch nicht an der Zeit, dies zu tun. Denn er steckt noch mitten in seiner eigenen Ausbildung, um dann die Wahrhaftigkeit über Ela Ta Sin komplett weitergeben zu können. Habt bitte etwas Geduld! Es werden noch weitere Symboliken dazu kommen, mit denen ihr dann arbeiten könnt! Ihr werdet dann in der Meisterausbildung eure eigene Kraftsymbolik bekommen, um Ela Ta Sin Einweihungen zu übertragen, wie El Mogar Ba es auch bekommen hat! Diese Symbolik ist für jeden individuell anders, geheim und schließt somit Missbrauch von Ela Ta Sin aus! Seid gesegnet! Selamat Gajun, Selamat Kasijaram!“

Diese Durchsage der Elohim enthält schon das Wichtigste an Informationen. Es wird mir ab September 2006 möglich sein, diese Meistereinweihung und Meisterausbildung weiter zu geben. Es ist unerlässlich, dafür, das Ela Ta Sin Basis Seminar zu absolvieren und mindestens ein halbes Jahr damit gearbeitet zu haben.

Die Meisterausbildung wird ebenfalls nur möglich sein nach Absprache mit den Elohim. Es wird dann ein Vorgespräch und ein individuelles Channeling mit Inashra dazu geben, in dem geklärt wird, was vor dieser Ausbildung an Themen bewältigt werden sollte. Ich werde dann direkt mit dem Meisterschüler dieses klären, bevor der Meisterkurs in Ela Ta Sin beginnt.

In dem Meisterkurs, der an einem Wochenende stattfindet, werden einige Themen noch eingehender behandelt. Die verschiedenen Einweihungen und Symboliken des Ela Ta Sin Basis-Seminars werden erklärt und geprobt. Die persönliche Symbolik wird von den Elohim übertragen und dann gemeinsam erarbeitet.

Nach der Meistereinweihung in Ela Ta Sin ist es möglich, den Vortrag von Ela Ta Sin abzuhalten, sowie das Ela Ta Sin Basis Seminar zu lehren und die dazugehörigen Einweihungen weiter zu geben.

Zu dem Seminar gehören ebenfalls eine Urkunde mit Aurafoto, sowie ausführliche Seminarunterlagen mit Grafiken, die am Ende des Seminars ausgehändigt werden. Bilder und Grafiken für den Vortrag und die Seminarunterlagen werden auf CD-ROM mitgegeben.

Ab 2007 soll es dann noch die Möglichkeit des Ela Ta Sin Großmeisters geben, in dem man auch Ela Ta Sin Meister ausbilden und einweihen kann. Darüber kann ich zum jetzigen Zeitpunkt noch nichts weiter schreiben. Es wird sich so manifestieren, wie es dem göttlichen Plan entspricht.

Neue Informationen werde ich zum gegebenen Zeitpunkt auf meinen Internetseiten: www.elatasin.de und www.auravideo.de veröffentlichen.

E-Mails von Ela Ta Sin Teilnehmern

Hallo, Ihr 2 Lieben, Ronald und Karin,

ich bin dabei, das total schöne und faszinierende Wochenende zu verarbeiten. Das haut echt rein - wenn ich das mal so sagen darf.

Wie das so ist, probiert man Neues ja gleich mal so aus. Gut, warte ich jetzt bis zu Hause. Kaum dort angekommen und in der Tür, höre ich meinen Kleinen den Größeren provozieren. Ich sag: „Komm mal her!" Dann habe ich das mit der Haralinie und den Händen beim Kleinen gemacht - und der hörte sofort auf zu streiten und ging ganz lieb und freundlich ins Bett. Der Große merkte eine Erleichterung im Rücken und hatte am nächsten Tag - also gestern - so gut wie keine Sprachstörungen mehr. Gestern Abend haben wir dann noch alte Verbindungen gelöst - und er war total überrascht über die Reaktionen seines Körpers.

Danach waren wir essen und eine laute Gruppe störte sehr. Ich wusste, was ich mit dem Erlernten tun muss. Wow - das war echt enorm. Ich weiß, Ronald, Du hattest das alles gesagt. Aber, na ja, so ganz konnte ich das doch nicht glauben und wurde eines besseren belehrt.

Dann beschäftigt mich eine weitere Frage: Wie kann man Ela Ta Sin am Besten und einfachsten beschreiben? Ich bin so überwältigt, dass mir die Worte dafür fehlen. Kannst Du oder könnt Ihr mir einen Tipp geben?

Alles Liebe Martina

Liebe Karin, lieber Ronald,

vielen, lieben Dank für das wunderschöne Seminar-Wochenende. Ich bin sehr froh darüber, dass ich zu euch geführt wurde! Das Seminar wird mir auf jeden Fall immer in Erinnerung bleiben.

Ich möchte euch kurz erzählen, wie Ela Ta Sin bei der netten Pensions-Wirtin Frau R. "gewirkt" hat: also, ich habe morgens, da ich sehr früh wach wurde, noch vor dem Frühstück eine "Ela Ta Sin- Behandlung" (ich weiß nicht, wie ich es sonst bezeichnen soll?) mental bei Frau R. durchgeführt. Ich ging dann runter zum Frühstück und war total "geplättet", denn Frau Rippe sagte mir nur freundlich Guten Morgen und ließ uns dann, ohne langes Gespräch wie sonst, ganz in Ruhe frühstücken. Das ist doch klasse, oder? Ich habe mich natürlich über diese "Wirkung" total gefreut. Irgendwie dachte ich die ganze Zeit, dass das bei mir sicher nicht klappen würde. Ich weiß jetzt, dass ich meine Macht angenommen habe. Frau R. hat sich sicher auch über ihre neue Ruhe gewundert. Ich werde jetzt natürlich weiter damit machen. Ich merke ja an mir selbst, wie befreiend dies alles ist.

Deine Musik Ronald finde ich total schön. Ich werde mir sicher nach und nach alle deine CDs zulegen. Das ist, als ob man in eine andere Welt eintauchen würde und herrlich entspannend.

Lieber Ronald, vielen, lieben Dank für deine Rückmeldung. Mein Gefühl war auch ganz klar und sehr gut nach der Sitzung!
Vielen Dank auch, dass wir so gut von dir über alles, was sich so tut, informiert werden.

Ich wünsche euch beiden alles erdenklich Liebe und Gute und ich hoffe, dass wir uns irgendwann mal wiedersehen.

Liebe Grüße Svenja

Hallo Ronald,

Zunächst einmal danke für die Mails, Immer eine Freude, von Dir zu lesen. Besonders der Nachtrag war ein Hammer. Vielleicht erzähle ich Dir mal am Telefon wieso, weil übers Netz ist das unmöglich. Auf jeden Fall habe ich am gestrigen Abend mit jemandem in genau der Problematik ein (anscheinend) sehr wirkungsvolles Ritual ausgeführt. Ela Ta Sin wirkt schnell und stark!!

Persönlich hat mit mir dann der Schamane und Häuptling eines Nomadenvolkes eine mördermäßige und völlig unerwartete Session abgehalten, die ich wenig verstand, die aber mein Herz in Aufruhr und Verzückung stürzte. Der Rest war ungläubiges Staunen...

Grüße vom Allerfeinsten an Dich und Deine Liebste von Angela

Hi Ronald,

zuerst mal vielen Dank für deine Post. Beeindruckend, wie du deine Lebensaufgabe mit ganzem Einsatz, mit viel Liebe und Gottvertrauen erfüllst. Ich möchte mich nochmals ganz herzlich bei dir und der geistigen Welt bedanken für das super - tolle Einweihungsseminar Ela Ta Sin. Es war einfach ein phantastisches Erlebnis, welches man gar nicht so richtig in Worte fassen kann. Man muss es einfach selbst erlebt haben. Du hast uns allen sehr viel beigebracht, und wir durften sehr, sehr viel bei dir lernen. Es ist einfach Spitzenklasse!!! Ich bin Gott so dankbar, dass wir alle deinen Weg kreuzen durften und freue mich jetzt schon auf weitere Infos. Jetzt bin ich mal gespannt wie es weitergeht und freue mich auf weitere Erfahrungen.

Alles Liebe u. Gute, weiterhin viel Erfolg, Glück, Gesundheit u. viele Grüße Inge

Hi Ronald,

vielen Dank für diese neuen Infos. Ich habe auch noch eine schöne, neue Erfahrung zu berichten. Seit meinem Ela Ta Sin Seminar bei dir, melden sich dauernd neue Klienten, die einen Termin in meiner Praxis für Kineosiologie und Reiki haben möchten. Also, vorher lief das alles sehr schleppend und ich war gerade einen Tag nach dem Seminar wieder zu Hause und seitdem melden sich immer mehr Menschen.

Ich habe bei dem Ela Ta Sin Seminar meine Macht angenommen, ich traue mir viel mehr zu und habe das absolute Vertrauen, dass die Menschen zu mir geführt werden. Ich sehe es als Auftrag, bei allen Klienten zu Anfang eine Ela Ta Sin Behandlung durchzuführen. Eine Reiki-Schülerin meinte danach, sie fühle sich nun richtig leicht, als ob die ganze Last von ihr weggenommen wurde.Ist das nicht alles wunderbar?

Und noch was: die Beziehungen von mir zu anderen Menschen, sei es Familie oder andere, sind viel harmonischer geworden. Früher konnte ich viele Probleme in meinem Leben auflisten und nun muss ich tief graben, um noch eines zu finden. Es ist fantastisch!
Ich kann mich nur nochmals bei dir ganz herzlich für alles bedanken. Bitte sag auch viele, liebe Grüße an deine liebe Karin und auch an Petra. Auch das Channeling bei Petra hat so viel Fragen beantwortet und so viel Klärung gebracht!

Ich kann eigentlich das, was ich dir sagen will, gar nicht richtig in Worte fassen, aber ich glaube, du verstehst mich auch so, oder?
Ich freue mich immer wieder von dir zu hören.

Alles Liebe und bis bald
Svenja

Hi Ronald !

Lieben Dank für Deinen Tipp mit dem Ela ta Sin Symbol. Es war einfach eine wunderschöne Erfahrung, die ich heute mit Ela ta Sin und mit Reiki gemacht habe.

Ich habe Heike ganz am Anfang das Ela ta Sin Symbol gezeigt, es war wirklich unglaublich. Ich hatte das Gefühl bereits beim Ansehen des Symbols wurde ihr altes Wissen wieder geweckt. Sie hatte sofort ein ganz warmes Gefühl zu dem Symbol und wusste intuitiv dass es sich dreht. Nachdem sie dann durchgepustet war, kam bei mir an, ich sollte die Reiki – Einweihung im ursprünglichen Sinne auch bei ihr machen. Das war einfach unbeschreiblich schön. So kraftvoll und doch sanft und weich und so liebevoll. Ich war überwältigt, was ich während der Einweihung gespürt habe.

Es war so viel Hilfe und Führung da und ich hatte das Gefühl ich brauche gar nichts mehr zu tun, es wird für mich durch mich durch, getan. Ich habe mich so geborgen und aufgehoben gefühlt. Unbeschreiblich. Als wir dann weitergearbeitet haben ging alles viel leichter und schneller als sonst. Es war alles viel klarer und ich hatte das Gefühl die Energie ist viel intensiver geflossen. Ich brauchte überhaupt nicht mehr viel zu sagen, die Infos kamen auch so bei Heike an.

Heute Abend ist Heike dann ganz entspannt und zufrieden nach Hause gefahren. Es war einfach toll diese Veränderung bei ihr zu sehen und mitzuerleben.

Ich habe das Gefühl, das Arbeiten mit Reiki hat sich durch Ela ta Sin total verändert. Es geht alles viel schneller. Es ist kaum in Worte zu fassen, aber ich bin so erfüllt und unendlich dankbar. Meine Dankbarkeit habe ich dir heute Nachmittag zwar schon gedanklich geschickt, aber ich hatte das Bedürfnis es dir auch noch zu schreiben.

In diesem Sinne alles, alles Liebe und grüße bitte auch Deine Süße von mir, und von ganzem Herzen noch mal danke für all Deine Hilfe und tollen Infos.

Sigrid

Hallo Ronald,

es ist so was von schön – da gibt es weiter nix zu sagen!

Nur: **DANKE-DANKE-DANKE**.

Zur Zeit läuft alles wie von selbst. Issss dassss nicht schöööön?

So ein Seminar hab ich in meinem Leben noch nie mitgemacht. Alles geht so familiär und so locker zu. Es ist einfach eine Pracht Euch beiden, Dir und Karin zuzuschauen.

Es ist schön, so eine Familie zu haben.

Ich grüße und knuddel Euch ganz dolle - ganz liebe Grüße auch an Petra.

Angelika

Die Erlaubnis der Heilung

Ich möchte hier auf ein sehr wichtiges Thema eingehen. Die Erlaubnis der Heilung. Doch zunächst sei erwähnt, dass Ela Ta Sin mit keiner Art der Heilung in Konkurrenz geht, sondern sie einfach ergänzt und verstärkt. Jede Art, anderen zu helfen, ist vom Universum gesegnet, von Arzt, Homöopathie, Akupunktur, Reiki bis hin zum Heiler. Jeder heilt sich letztendlich selbst, denn die Selbstheilungskräfte sind in jedem von uns. Sie brauchen oft nur eine Hilfestellung, um zu erwachen. Sie brauchen eine Erlaubnis dazu.

Haben wir Menschen Probleme, geben wir, wie schon gesagt, die eigene Macht ab. Es ist in unserem Bewusstsein einfach nicht da, dass wir uns selbst heilen können!

Mit Ela Ta Sin geben wir demjenigen, mit dem wir arbeiten, die Erlaubnis, sich selbst zu heilen. Wir arbeiten auf der höchsten ätherischen Schwingungsebene. Wir brauchen dazu keine Hände aufzulegen. Die Person muss nicht einmal anwesend sein und dies funktioniert weltweit. Ich kann immer nur wiederholen, dass es ein Geschenk der Elohim der Gnade und Barmherzigkeit, und ein Segen für die Menschheit ist.

Für jeden, der geheilt werden möchte, ist die Erlaubnis der Heilung einfach und sehr wirkungsvoll. Schicke einfach ein Gebet hoch. „Pappi" wird sich freuen. Benutze deine freie Wahl und entscheide dich für einen Weg ohne diese Krankheit, denn sie wird dich auf diesem nur behindern. Danach entferne dich von dieser Krankheit, mit jedem Schritt, jedem Atemzug und jedem Herzschlag, denn du bist die Heilung. Sage: „Ja, ich will geheilt sein!" Sage es laut, denn dein Körper hört dir zu. Schließe Frieden mit ihm, segne und liebe ihn, denn er ist ein göttliches Geschenk. Er wird es dir danken.

Erlaube dir, Freude zu haben, jeden Tag, jede Minute, jede Sekunde deines Lebens. Schließe Frieden mit dem Leben. Achte die Anderen.

Schau sie dir gut an. Sie sind alle auf dem Weg, auf der Suche nach der wahrhaftigen Liebe. Vergesse die Masken, die sie tragen und habe die feste Absicht, mit ihnen von Seele zu Seele zu kommunizieren in Klarheit und Wahrhaftigkeit. Hast du dies auch nur ein einziges Mal geschafft, wirst du danach die alte Maskerade einfach nur noch als langweilig empfinden. Segne deine Brüder und Schwestern, egal wie sie aussehen, aus welchem Land sie kommen und welchen Glauben sie haben. Je näher wir der Wirklichkeit und der Wahrhaftigkeit kommen, umso ähnlicher werden wir uns werden im Lehren und Lernen.

Benutze deine Stimme und deine Worte bewusst, denn sie haben viel Macht. Auch deine Gedanken haben viel Macht. Hinterfrage sie und ändere es, wenn sie dir nicht entsprechen. Sage zu negativen Gedanken: „Nein, absolutes Nein, ich will so nicht denken!“ Du kreierst mit deinen Gedanken, Worten und Taten deine eigene Realität, also nutze sie Weise.

Denke einmal über folgende Worte intensiv nach:

„Drei Dinge kehren niemals zurück: das gesprochene Wort, der abgeschossene Pfeil und die verpasste Gelegenheit!“

Vergebe den Menschen, denen du noch zu vergeben hast, auch dir selbst. Bitte um Vergebung für das, was du anderen angetan hast und sei dankbar für das, was du dadurch lernen durftest. Lass dann das Alte los und rede nie wieder darüber, denn es ist Vergangenheit! Sei und bleibe im Hier und Jetzt. Du brauchst das Alte nie wieder zu machen, denn du hast ja dadurch gelernt.

Trägst du in dir noch einen Trennungsschmerz, so lasse dir folgendes sagen:

„Liebe lässt sich nun mal nicht stoppen... unmöglich...wahre Liebe schon gar nicht! Nach so einer Trennung versuchen wir selbst, die-

se Liebe einzugrenzen - das ist der Schmerz - wir können unsere Liebe nicht mitteilen - das ist der Schmerz - wir können den anderen nicht ständig begleiten - das ist der Schmerz - wir versuchen es, mit den Verletzungen, die uns in den Sinn kommen, diese Liebe zu unterdrücken - das ist der Schmerz - ! Erst wenn wir uns selbst gestatten, wirklich frei diese Liebe weiter fließen zu lassen, zu der Person, die wir ja wirklich lieben, keine negativen Gedanken mehr hochkommen und auch die Sucht/Suche nach dieser Person aufhört, denn man weiß ja, wo sie steckt, dann heilt die Wunde wirklich!

Also gestatte dir, erlaube dir, diejenigen, die du liebst, wieder zu lieben. Frei, absolut frei, genieße dabei deine Freiheit, und sei dankbar für die schöne gemeinsame Zeit! "

Mit Ela Ta Sin lernst du, wie du alte Bänder trennst und wie man mit Gefühlen klar kommt. Es ist der dritte Pol, der hier zählt, die Mitte. Zwischen oben und unten bist du. Du bist die Mitte zwischen heiß und kalt. Sei der Beobachter, und bleibe in der Mitte im Hier und Jetzt. Stelle dir wieder Fragen:

„Was will ich? Was denke ich? Was fühle ich?"

Stelle sie dir immer wieder. Klemme dir einen Zettel an den Spiegel, damit du diese Fragen jeden Tag vor Augen hast, denn damit holst du dich ins Hier und Jetzt. Denke über diese Fragen nach, und bleibe dabei der Beobachter.

Der Sinn deines Lebens

Du hast einen wahren Vater und eine wahre Mutter, den Schöpfer deiner Seele und allem was existiert!

Du bist sein göttliches Kind, ein Teil des Schöpfers und somit ausgestattet mit der göttlichen Flamme und mit all seinen Fähigkeiten, geboren in eine multidimensionale Existenz!

Auf der dich liebenden Erde bist du auf deinen Wunsch inkarniert, in einen menschlichen Körper, von menschlichen Eltern und mit der Aufgabe, durch den Schleier des Vergessens zu gehen, zu lernen und zu lehren, Täuschungen zu überwinden und dich wieder deines wahren Seins zu erinnern!

Liebe, achte und ehre deine irdischen Eltern, denn sie ermöglichen es dir, in diesem Körper deine Lernaufgaben für dieses Leben zu erfüllen! Liebe, achte und ehre alle beseelten Lebewesen!

Lerne dich selbst zu lieben, zu achten, zu ehren, dann öffnet sich dein Herz, dein Weg zu deinem Schöpfer und zu deinem wahren Sein, dann kannst du auch andere von ganzem Herzen lieben, achten und ehren!

Alles was du suchst, auf deinem Weg, findest du in dir selbst. Alles, was du im scheinbar Äußeren wahrnimmst, erhält die Illusion des Getrenntseins von deinem Schöpfer aufrecht. In dir selbst bist du jedem anderen liebenden Wesen näher als es scheint!

Lerne zu unterscheiden, was ein liebendes, lebendes Wesen ist und was als sterblicher Irrtum der Liebe und dem Leben abgewandt ist. Nutze deinen freien Willen, dich für das Richtige zu entscheiden!

Lass andere Menschen und materielle Dinge los, die dich binden! Vergebe, was zu vergeben ist, bitte um Vergebung, und sei dankbar für deine Lernaufgaben, dann kannst du in Freiheit dein Leben leben, mit anderen ganz nah sein und die Fülle des Seins genießen!

Lebe in Dankbarkeit und Demut, nehme deine Macht an, und nutze sie mit unserem Herzen, dann wird daraus Liebe und Freude!

Nehme den Namen und das Wort deines Schöpfers an und sage:

„Ich Bin" in dem Bewusstsein, dass er sich in dir erkennt! –

„Ich Bin, der Ich Bin!
So sei es OM, Friede, Shalom, Amen.
Der himmlische Vater und ich sind Eins!"

Wir sind auf dem Weg, galaktische Menschen zu werden. Wir finden uns mitten im Aufstiegsprozess. Nichts und niemand kann das mehr aufhalten. „Gott sei Dank!" Es ist wundervoll, und ich freue mich auf alles, was da kommen wird.

Nehme deinen Inkarnationsauftrag an. Nehme deine Leben an. Lebe die Liebe. Benutze die Worte „Ich Bin" und integriere sie in dein Leben. Das Mantra für die neue Erde ist:

„Ich Bin die mächtige Gegenwart Gottes!"

Sage sie ein paar Mal laut, und fühle in dich hinein. Beobachte, was mit dir passiert.

St.Germain - Der Segen von Ich Bin

Die folgenden Worte sollen dich an deine ICH BIN – Gegenwart erinnern und dir helfen dein schöpferisches Potential positiv zu nutzen! Sage jeden ICH BIN Satz mindestens 3 mal laut und du wirst die Wirkung sofort spüren!

ICH BIN
die Kraft, der Mut, der Wille und das Urvertrauen,
meinen eigenen Weg zu gehen!

ICH BIN
das Gefühl und das Fließen im Leben,
welche die wahre Partnerschaft erkennt und lebt!

ICH BIN
die Macht, die Wahrheit und die Lebensfreude,
die in Achtung „NEIN" sagen kann
und damit mich selbst und die anderen ehrt!

ICH BIN
die wahre Liebe und das Mitgefühl, welches
von Seele zu Seele mit dem Herzen hinter die Masken sieht!

ICH BIN
das Ohr, die Stimme, das Wort und
die Schwingung der Wahrhaftigkeit!

ICH BIN
die Erkenntnis der göttlichen Schöpferkraft
in mir und der gesamten Existenz!

ICH BIN
die Schöpfung göttlicher Liebe und damit
die mächtige Gegenwart Gottes!

ICH BIN
die Heilung und habe die Freie Wahl und die feste Absicht,
Krankheiten und Probleme loszulassen
und mich von ihnen zu entfernen, denn sie behindern
meinen Inkarnationsauftrag!

ICH BIN
die Heilung und habe die Freie Wahl!
Ich wende mich mit der Liebe meines ganzen Seins an meinen Körper
und sage ihm: Wir leben dieses Leben gemeinsam. Wir werden uns
gemeinsam heilen und verjüngen.
Gemeinsam werden wir die Kraft und die Macht haben,
die Freisetzung des Todeshormons zu verlangsamen!

ICH BIN
die Heilung und habe die Freie Wahl!
Himmlischer Vater, hiermit wähle ich, die Wiederkehr meines
vollständigen Bewusstseins zu akzeptieren.
Ich nehme mit absoluter Freude mein wahrhaftigstes,
höchstes Potential wieder an. Ich kehre zurück zu ihm, zum Segen
allen Seins!

*

Ich sende dir Liebe, Freude und Segen für deinen Weg! Mögen göttlicher Schutz, göttliche Führung und göttlicher Segen dich ewiglich begleiten! So sei es, OM, Friede, Shalom, Amen!

Ashron El Mogar Ba

Wichtige Durchsage zu Reiki

Ich setze mich sehr für die Reinheit der Reiki-Symbole und das dazugehörige Einweihungsritual ein und nutze diese mit größter Achtung und Liebe, denn die Symbole sind für mich lebende Wesen!
Da ich immer hinterfrage, ob alles richtig ist, was ich und wie ich es mache, habe ich auch Gerüchte, bezüglich der Veränderung von Reiki hinterfragt! Das folgende ist eine der Antworten, die ich erhalten habe, und diese fühlt sich für mich absolut klar und richtig an:
Channeling von Andre' Meyr von der Kryon Schule - Mai 2005
Celeson - the Institut for Cosmic Vibrational Healing

Omar ta satt mein Lieber.

Als erstes ein großes Danke für deine DVD. Habt ihr echt toll gemacht, schönes Statement, wie du gesagt hast, kommt viel von deiner Art, die kompetent und liebevoll ist, rüber. AN ANASHA.

Sorry, dass es gedauert hat wegen deiner Anfrage zu Reiki.

Folgendes von St.Germain und den Weltenhütern:

Sie sagen, dass es nicht stimmt, dass die Symbole gelöscht wurden. Ganz im Gegenteil, in der neuen Erdschwingung verstärken sie sich um ein Vielfaches. Die Symbole sind kosmische Symbole und entspringen der Wirklichkeit, sie können nicht manipuliert werden. Anders verhält es sich, wenn Symbole abgewandelt und bewusst negativ eingesetzt werden. Dann sind es aber nicht mehr die Reiki Symbole und auch nicht die Reiki Energie.

Zum Zuständigkeitsbereich der Weltenhüter (die dafür verantwortlich sind, dass die Reiki-Energie auf den Planeten projiziert wird und für die Lenkung der Energien, sowie für die Einweihungen und Übertragungen) gehört es, auf die ursprünglichen, sehr, sehr alten vier Reiki-Symbole zu reagieren. Wo mehr Symbole eingesetzt werden, handelt es sich nicht mehr rein um Reiki.

Die Weltenhüter sind engelhafte Energiewesen. Wenn sie sichtbar werden, erscheinen sie etwa in einer Größe von 60 cm und wirken rund und dick. Die Weltenhüter sind drei Energiewesen, und jedes davon ist für ein Reiki-Symbol zuständig. Das Meister-Symbol symbolisiert die Energie des eigenen höheren Selbstes, sprich die Christusenergie.

St.Germain sagt, dass dadurch, dass Reiki schon fest im kollektiven Bewusstsein verankert ist, es eine große Angriffsfläche bietet für diejenigen, die dem Aufstieg schaden wollen. Die Manipulation, die erfolgt, ist nur im Bewusstsein der Menschen vorhanden, auf Reiki selbst hat dies keinen Einfluss. Dies geschieht, indem Gerüchte gestreut werden über die Negativität von Reiki und dass es irgendwie belastet wäre. Damit wird ein Mechanismus in Gang gesetzt, der Angst erzeugt und die Schwingung scheinbar drückt.

Reiki lebt und verändert sich mit der Erdschwingung, doch im Abgleich mit den kosmischen Energien und von Erden aus braucht dazu nichts getan werden. Das heisst, dass es immer stärker wirkt, weil es leichter durch den Schleier dringt und durch die Beschleunigung der Zeit keine Verschiebung erfährt, genauso verhält es sich auch mit den Symbolen. Das bedeutet weniger Aufwand für die Weltenhüter, die die Absicht klarer empfangen und die Frequenz gezielter senden können in die geöffneten Kanäle.

Nach wie vor braucht es für die Öffnung einen Reikimeister. Je wahrhaftiger der Meister und je höher in seinen Energien, umso stärker die Übertragung auf den Schüler.

Beeinflusst kann vom Reikimeister nur die Stärke der Öffnung des Kanals beim Schüler sein, auf die Qualität der Energie hat der Reikimeister keinen Einfluss. Immer vorausgesetzt, dass die korrekten Symbole und die richtige rituelle Handlung bei den Einweihungen vollzogen wird. Die Einweihung nimmt eh die geistige Welt vor.

Reiki wird auch nach dem Aufstieg bestehen bleiben und eine große Quelle der Erfahrungen bieten, auch für erwachte Menschen.
Das Problem ist, sagt St.Germain, dass viele auch sehr gute Medien sich beim Channeln nicht vom Kollektiv abtrennen und sich eine Mischung von Halbwahrheiten sich ergibt, die nicht immer dienlich ist, besonders wenn es um die Durchgabe neuer Informationen geht. Doch jedes Medium wird gebraucht und dient dem Ganzen mehr, als es schaden könnte, vorausgesetzt, dass es sich in der Energie der Liebe bewegt.

Die laute Stimme ist immer die Falsche, also genau hinhören. Ich hoffe, dass ich dir helfen konnte.

Alles Liebe

Namahim

Mediale Kompositionen

Ich war schon immer daran interessiert mein Wissen und spirituelle Energien in meine Musik zu integrieren. „Reiki Mantras“ ist das erste Album, das ich erfolgreich veröffentlichen konnte. Dazu hatte ich die Reiki-Symbole in Töne umgesetzt und sogar Einweihungs-Energien spürbar in die Musik einfließen lassen.

2004 fing dann eine starke, mediale Zusammenarbeit mit den geistigen Ebenen an. Ich wurde jede Nacht geweckt mit Informationen, wie und was ich komponieren solle. Es knistert seitdem von hochschwingenden

Energien bei dieser Arbeit. Es entstanden die beiden wundervollen Alben Ashron „Inner Peace“ und „Reiki Shaman“ mit starken Energien für unseren Aufstieg.

Alle drei Alben sind veröffentlicht worden bei BSC – Music!
www.bscmusic.com

Mein neuestes Projekt ist das Album Ashron "Spirit Wisdoms", das noch in diesem Jahr 2006 veröffentlicht wird.

Es war wirklich sehr spannend, dieses Album zu komponieren, da die medialen Einflüsse immer stärker geworden sind und ich auch immer mehr das Gefühl bekomme, auf meinem spirituellen Pfad zu sein. Nachdem ich 1995 eine Jesus-Erscheinung hatte und er mir genau sagte und auch zeigte, was meine Aufgabe in dieser Inkarnation ist, habe ich mich doch noch sehr gewehrt, diese hier zu verkörpern. Jetzt nach 10 Jahren mache ich aber genau dies und von Tag zu Tag immer intensiver!

Das Album ist die Geschichte der Wiederauferstehung. Sie betrifft uns alle, Menschen, wie alle Wesen auf, in und um Gaia, in allen Ebenen des Seins, bis hin zu unserem Sonnensystem und unserer Galaxis. Diese jetzt hier stattfindenden Veränderungen geben eine Transformationswelle durch das gesamte Universum, die alles durch gegenseitige Akzeptanz, gegenseitige Hilfe, Achtung und unendliche Liebe wieder zurück in die Einheit führt.

Hier beschreibe ich den Sinn der entstandenen Titel, womit auch klar wird, was für Energien in diesem neuen Album enthalten sind:

Reiki Wisdoms – sind die Reiki Lebensregeln in ihrer reinen Essenz; sie wurden; wie so Vieles, verfälscht. Das Leben kennt nun mal **kein** Minus, nur der Mensch! Es ist das absolute Gesetz der Resonanz und fordert uns auf, unsere Ausstrahlung so zu ändern, dass sie in Liebe bleibt, die dann unweigerlich auf uns zurückstrahlt.

Spirit Wisdoms / My Light – ist die Anerkennung unserer Schöpfung durch das Bewusstsein, den Atem und das Wort Gottes, welches er uns laut Johannes zum Geschenk machte und so sollten wir es auch nutzen!

Back to Heaven – Ja, das ist der Flug des Schamanen, der Seelenflug durch die Dimensionen des Seins nach Hause, ohne seinen Körper abzulegen – die Visionssuche und auch das Finden!

Child of Joy – „wenn jemand eine Reise macht, dann hat er viel zu erzählen!" Ich war dort und durfte mir ansehen, wie viele Wesen an unserer Inkarnation beteiligt sind und auf wie vielen Ebenen wir selbst an unserer Lernaufgabe als multidimensionales Wesen mitwirken.... diese Geschichte erzählen die Gitarren!

Party in Heaven – die musste einfach sein..... bei so viel Freude und Liebe ist kein Wesen mehr zu halten und muss einfach feiern!

The New Mission – eine neue Mission wartet auch auf jeden von uns, egal ob wir einen neuen Körper bekommen und neu inkarnieren oder in den bestehenden Körper zurückkehren und einfach wach bleiben!

Selamat Gajun, Selamat Kasijaram – ist sirianisch und heißt: „Seid Eins, seid gesegnet in Liebe und Freude!" Es ist der Gruß der galaktischen Föderation! Halte deine Sinne weit geöffnet, und du wirst viel entdecken und dich erinnern!

Two Blue Moon – hat mit der Heilung der Erde zu tun, da muss jeder selbst hineinfühlen und darüber nachdenken, was das bedeutet. Auf jeden Fall sind die Auswirkungen deutlich spürbar, auf der Erde, genauso wie im Bewusstsein der Menschheit!

Crystal Alien Blues – zeigt die Kraft, mit der unsere Brüder und Schwestern von den Sternen uns helfen werden und auch schon helfen!

Kodoish, Kodoish, Kodoish, Adonai Zebaioth – ist das höchste Mantra: Heilig, heilig, heilig, ist der Herr der Heerscharen! Es ist das absolute Glaubensbekenntnis und unser größter Schutz!

Atlantis and Lemuria – unser altes Karma wird aufgehoben und repariert. Es ist die Prophezeiung, dass die Toten wieder auferstehen, und dies betrifft wesentlich mehr, als nur diese beiden Kontinente!

The New World – der Text handelt von der Wandlung von der Raupe in einen Schmetterling, oder war es die *Geschichte vom hässlichen Entlein*? „Fürchtet euch nicht!“ sagen die Engel. „Sondern fragt und erkennt das Wunder der Wahrheit!“

Wisdom in Your Heart – alle Weisheit hast du in deine Inkarnation mitbekommen, sie ist in deinem Herzen. Frage nach der Wahrheit und bete in dein Herz hinein, denn dort ist dein Anschluss zu deiner Herkunft, und dort liegen alle Antworten, nach denen du suchst!

El Mogar Ba – Ich Bin..... hiermit zeige ich dir, wer ich bin..... wer bist du? Sage es mir, und antworte mit: „Ich bin....!“

Hiermit danke ich allen Wesen, die an diesem Album mitgewirkt haben! Ich danke meiner geliebten Karin für ihre liebevolle Hingabe und Unterstützung! Ich danke Anna Priest für ihre afrikanische Stimme! Und ich danke dafür, dass ich diese Lebensaufgabe habe!
Ashron – El Mogar Ba

Zu diesem Projekt und zu diesem Buch ist auch eine DVD entstanden:

Das Spirit Wisdom Interview

Ich erzähle hier von mir und meinem Weg, gebe viele Tipps, wie man seinen eigenen Weg findet und erzähle auch von meiner medialen Musik. Eingebunden sind Musik und Bilder. Es ist eine schöne Ergänzung zu diesem Buch.

Alle CDs und die DVD kannst du direkt bei mir bestellen:
www.auravideo.de oder per E-Mail: ronaldhoth@aol.com
und auf der Homepage:
www.ashron.net findest du einige Hörbeispiele.
Mediale Kompositionen mit Kryon

Der professionelle Vollblutmusiker und Schamane Ashron hat, in Zusammenarbeit mit Kryon, für uns vier musikalische Werke komponiert, zum Meditieren und Wohlfühlen. Lasse dich mitnehmen auf eine Reise, getragen von Engelschören, sanften Gitarren und Flötenklängen an die Grenzen des Universums.
Kryon sagt dir Ashron AN ANASHA

Isabelle Adamea & Andre' Namahim
Celeson - the Institute for Cosmic Vibrational Healing
www.celeson.com

Experimente mit dem Auravideo

Ich begann schon 1994, während meiner Reikimeister-Ausbildung, Experimente mit der Aurafotografie zu machen. Zu Anfang veränderte sich meine Aura nur sehr langsam. Anfang 1995 schaffte ich es schon, die Aura gezielt zu verändern. Drei Fotos, innerhalb von drei Minuten aufgenommen, zeigten jeweils eine komplett andere Aura. Ich hatte eine Meditation gechannelt bekommen, in der sich die Aura reinigen und violett färben sollte. Also wollte ich wissen, ob dies der Wahrheit entspricht. Ich probierte es aus. Es war sensationell, denn es klappte sofort. Diese Meditation erkläre ich dir hier, denn sie war für mich die Basis des Wahrnehmens der Hara-Dimension:

1.
Atme in Dein Herzchakra,
fühle Dich hinein, und visualisiere die Farbe Rosa.

2.
Atme in Dein Hals-Chakra,
lege die Zunge nach hinten in den Gaumen,
schmecke Dein Hals-Chakra, und visualisiere hellblau.

3.
Atme durch Dein drittes Auge, visualisiere dunkelblau/violett,
und sehe durch Dein drittes Auge.

4.
Atme durch Dein Kronen-Chakra,
und höre mit Deinen Ohren die Töne in Deinem Kronen-Chakra.

Bei dieser Meditation kommt immer die nächste Atmung hinzu, und die vorherige(n) bleiben bestehen. Mit der Meditation schließt man sich an die 5. Dimension an! Sie wirkt beruhigend und heilend! Deine Aura wird bei dieser Meditation blau - violett und grün nach innen (Eigenliebe). Es verbrennen dabei negative Energien in der Aura, sie fallen nach unten und werden geerdet. Also wirkt dies als starker Schutz.

Ende 2003 legte ich mir eine Auravideo-Gerät zu und machte damit viele Experimente. Die Schwingung meiner Aura erhöhte sich immens, genauso wie meine Wahrnehmung, da ich ja die Energie höre und es einen kleinen Moment dauert, bis es auf dem Bildschirm sichtbar wird.

Ich fing dann an, Ela Ta Sin anzuwenden, während der Auravideo-Sitzungen. Es ist wirklich sensationell, was dann passiert, was auf dem Auravideo sichtbar wird und wie die Menschen darauf reagieren. Erst einmal bekennen sie vor sich selbst „Farbe", wenn sie ihre Aura sehen. Das Unterbewusstsein fängt dann sofort an, an der eigenen Aura zu arbeiten. Nachdem ich mit Ela Ta Sin ihre Hara-Linie gereinigt und sie ganz in ihren Körper geholt habe, fühlen sie sich wohl, warm und ruhig. Ihre Aura vergrößert sich, die Energien der Chakren erhöhen sich, und kurz darauf gleicht sich ihr ganzes System meistens komplett aus.

Somit wurde das Auravideo fester Bestandteil der Ela Ta Sin Seminare, denn durch dieses Training wird die eigene, feinstoffliche Wahrnehmung schnell erhöht und sensibilisiert. Viele schaffen es sogar, während des Kurses Aurasichtig zu werden.

Falls du dich für Aurafotographie und Auravideo interessierst und dich weiter informieren möchtest, kannst du es auf meiner Internetseite www.auravideo.de, umfangreich tun!

Ein Beispiel für die Veränderung in der Aura bei der Anwendung von Ela Ta Sin:

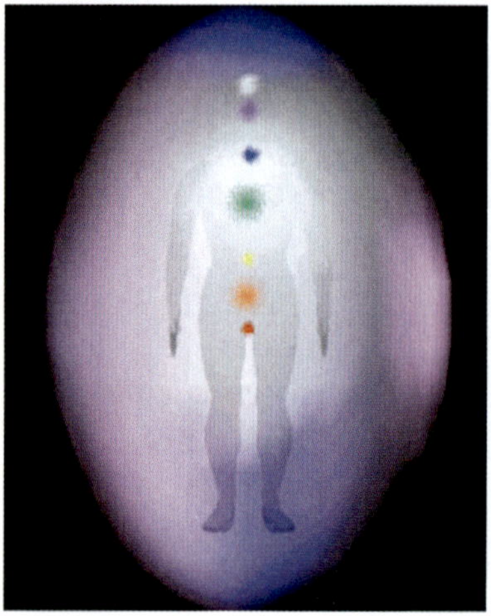

vorher

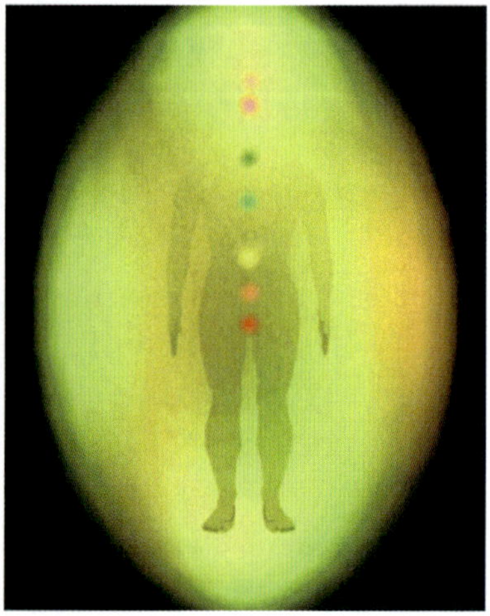

danach

Es ist die Aura meines lieben Freundes Hans. Er ist sehr spirituell und erzählt gerne Geschichten. Mit starken Gefühlen und viel Herz. Sein Hals-Chakra ist dunkelblau, denn er erzählt viel über Erkenntnisse. Das Herz-Chakra und das Emotional-Chakra sind regelrecht überdreht. Die Aura ist weiß-violett. Es ist nicht viel Energie in den Chakren und man kann sich seinen Worten nicht entziehen. Das Problem liegt dabei in seinem Macht-Chakra, und diese Art zu reden ist dabei sein Abwehrverhalten.

Nach der Ela Ta Sin Anwendung hatte seine Aura die volle Größe und die Farbe Gelb. Die Chakren waren voll aufgeladen und ausgeglichen. Seit dem sagt er kurz und bündig, was er will und hört auch zu. - Es ist schön, mit ihm zu reden! Eine wirklich gute Seele!

Meditationen auf CD

Johannes Fisslinger, der Erfinder des Auravideosystems, hat in seinem Buch „Aura Mastery“ Übungen beschrieben, die ich dann umgesetzt habe in Sprache und Musik. Hinzugefügt habe ich dann auch noch Meditationen von mir selbst und diese CDs produziert.

Sie sind eine große Hilfe, das eigene Verständnis über unsere Aura und Chakren zu vertiefen und unser Bewusstsein zu erweitern, während man sie sich entspannt anhört. Sie sind ebenfalls über www.auravideo.de erhältlich.

Aurareinigung durch Rituale

Du kannst durch Rituale deine Aura reinigen und schützen. Der Apostel Johannes hat schon in seiner Offenbarung geschrieben, dass wir unsere Kleider reinigen und schützen sollen. Wir sollen die Täuschungen und Manipulationen überwinden, damit wir ins Himmelreich kommen. Mit den Kleidern sind natürlich unser Aura und unsere Chakren gemeint. Wir müssen lernen, die dunklen Schatten aufzulösen, damit sie mit negativen Einflüssen nicht mehr in Resonanz schwingen. Es ist wie bei einem Mikrowellengerät. Es kann Dinge erhitzen, die Wasser enthalten, die ohne Wasser werden nicht einmal warm. Probiere es aus, wenn du die Möglichkeit hast.

Eine zu einem bestimmten Zweck ausgeführte Handlung, ist immer ein Ritual, und so ist es ein großer Unterschied, ob du nur duschst oder duschst, um auch deine Aura zu reinigen. Die Absicht ist das Entscheidende. Die stärkste Kraft dabei ist die Visualisierung. Stelle dir bildhaft vor, was du willst und was du beabsichtigst, fühle dabei in dich hinein, und konzentriere dich auf deine Absicht. Beachte dabei auch deine Gedanken, denn da schleicht sich gerne mal etwas Negatives ein. Falls dies geschieht, sage „Nein" dazu und konzentriere dich erneut. Die folgenden Rituale werden dir helfen. Probiere sie einfach aus.

Chakra - & Schutz - Meditation

Stelle dir einen goldenen Lichtstrahl vor. Dieser tritt von oben in dein Kronen-Chakra ein, fließt durch deine Wirbelsäule bis zum Solar-Plexus-Chakra.

Aus deinem Solar-Plexus fließt nun ein starker gelb-goldener Lichtstrahl, der dich - angefangen von den Füßen bis zum Kopf - in einer linksdrehenden Spirale einwebt, bis du dich in einem goldenen Kokon befindest.

Nun stelle dir vor, dass dieser goldene Kokon so stark angefüllt ist mit Licht, dass ein goldener Blitz zurück in den Himmel und gleichzeitig in die Erde fährt. Somit bist du ein Bindeglied zwischen Himmel und Erde.

Ein zweiter Blitz bildet ein Rad um dich herum. Du hast jetzt eine gereinigte Aura und Schutz für den ganzen Tag.

Wenn du die Chakren noch aufladen willst, stelle dir jetzt einen zweiten goldweißen Lichtstrahl vor. Dieser tritt von oben in dein Kronen-Chakra ein, fließt ebenfalls durch die Wirbelsäule und tritt durch die einzelnen Chakren wieder aus:

durch das Dritte Auge in der Farbe Indigoblau & Violett,
durch das Hals-Chakra hellblau,
durch das Herzchakra hellgrün und rosa,
durch das Solar-Plexus-Chakra (Sonnengeflecht) goldgelb & weiß,
durch das Emotional-Chakra rot-orange und
durch das Wurzel-Chakra fließt dieser Lichtstrahl in einem glutrot heraus, und fließt weiter bis in den Mittelpunkt der Erde wie eine Wurzel und verbindet dich mit ihr.

Dies bringt Heilung für uns und unsere liebe Mutter Erde - Gaia -, unsere verbrauchten Energien können durch diese „Erdung“ abfließen, und wir bekommen Platz für neue frische Lebensenergie. Wir haben Schutz für den ganzen Tag.

Schutzgebet

Ich ziehe einen Kreis aus weißem Licht um mich und meine geistigen
Helfer im Christuslicht.
Heiliger Erzengel Michael, bitte beschütze und führe mich,
dies bete ich im Namen des Vaters, des
Sohnes und des Heiligen Geistes.
AMEN

Reinigung der Aura und Chakren

Dusche, inklusive der Haare, und sage dreimal laut:

„Ich wasche jetzt alles ab von mir, was nicht zu mir gehört!“

Danach trockne dich ab, streiche mit den Händen über den ganzen nackten Körper von oben nach unten, durch alle Chakren, vom Scheitel bis zur Sohle und sage:

„Ich bin Ich. Ich bin ganz bei mir, ich bin allein.
Es kann nur bei mir sein, wen oder was ich gerufen habe.
So sei es, OM, Friede, Amen!“

Vollbad – Reinigung

Nimm ein Vollbad, gebe einen 1/2 Liter Obstessig und ein paar Päckchen Backpulver in das Badewasser. Tauche zum Schluss einmal unter. Dies löst alte Bänder zu anderen Personen. Es ist eine intensive Reinigung für die Chakren und gut für die Haut.

Vergeben und Loslassen

Das Vergeben und Loslassen von Personen, die direkten Zugriff auf deine eigenen Chakren haben, ist absolut wichtig, wenn du dein Energiesystem sauber halten möchtest. Das Leid, das du da vielleicht noch in dir spürst, hast du einfach noch nicht losgelassen. Du findest es vielleicht auch noch ungerecht (ungerächt)? Lass es los, und schreibe einen Brief an diese Person. Fühle zu Beginn in dich hinein: „Wie fühlt sich *Liebe* an?“ Fühle Liebe, und lass sie durch deinen ganzen Köper fließen. Jetzt kannst du schreiben:

Führe die einzelnen Punkte ausführlich aus, und schreibe dir alles von der Seele!

„Ich bitte um Verzeihung für alles was ich dir angetan habe...!"

„Ich verzeihe dir alles, womit du mich verletzt hast...!"

„Ich bedanke mich für alles was ich von dir lernen durfte...!"

Unterschreibe diesen Brief und segne ihn.

Jetzt kannst du diesen Brief direkt an die Person schicken, oder ihn verbrennen und ins Licht schicken, er kommt auf jeden Fall an. Dies gilt auch bei verstorbenen Personen. Danach ist dieses Thema absolut vorbei. Rede nicht mehr darüber. Solltest du doch wieder darüber reden und jemanden doch noch Vorwürfe machen, obwohl du ihm/ihr vergeben hast, kommt diese Lernaufgabe in stärkerer Form auf dich zurück.

Achtest du dieses Ritual, kannst du dir dennoch sicher sein, dass das Universum dir eine ähnliche Prüfung schickt, um zu testen, ob du e ihm/ihr wirklich vergeben hast. Also mache es in Liebe und mit dem Herzen.

Inkarnationen

Ich habe zu dem Thema zwei schöne Bildnisse von „Oben“ bekommen:

Kannst du dir Experimentierkästen aus Plexiglas vorstellen, an denen sich auf gegenüberliegenden Seiten jeweils zwei Öffnungen mit Gummihandschuhen befinden? Zwei Menschen schlüpfen in diese Handschuhe, um vor dem Inhalt dieses Kastens geschützt zu sein. Sie halten sich darin gegenseitig fest. Dann vergessen sie plötzlich, wer sie sind und wo sie sich befinden. Sie sind sich nur noch der Fingerspitzen bewusst und behacken sich die ganze Zeit. – Sie brauchten sich nur loszulassen und einen Schritt zurückzutreten, dann wären sie wieder in der Wirklichkeit!

Ein Mann steht vor einer Tür, diese ist verschlossen. Er kämpft und kämpft und kämpft. Endlich schafft er es. Die Tür geht auf, und er fällt durch die Öffnung auf die andere Seite. Hinter ihm klappt sie wieder zu. Er hört das Geräusch, des sich schließenden Schlosses, dreht sich um und will wieder durch diese Tür. Er kämpft und kämpft und kämpft. Jetzt erweitert sich deine Wahrnehmung dieser Situation. Dein Fokus, dein Zoom, entfernt sich davon. Diese Tür und ihr Rahmen stehen in einer Wüste. Absolute Freiheit, aber dieser Mann sieht nur die Tür.

Der richtige Weg ist nach Innen und die erhöhte, äußere Wahrnehmung, also stelle dir immer wieder die Frage:

„Was steckt dahinter?
Was steckt im „Jenseits“ meiner Wahrnehmung?“

Wir sind multidimensionale, spirituelle Wesen, inkarniert in einen physischen Körper. Das klingt ja ganz gut, aber was ist die Wahrheit dahinter, was ist die Wirklichkeit unserer Existenz? Zoomen wir hier doch auch mal zurück und erweitern wir unsere Wahrnehmung.

Wir sehen plötzlich sieben Körper, die irgendwie flüssig und transparent sind. In der Mitte, der Körper ist der Kern, der etwas fester aussieht, unser physischer Körper. Es ist nur der Kern und unser Schutz in der 3. Dimension. Bei den meisten Menschen sind diese transparenten Körper verschoben. Sie stehen neben sich, verschwinden teilweise oder ganz, als wenn immer mal wieder etwas weggeht und wiederkommt.

Wir sind in dieser Inkarnation an diesen Kern und auch an die Zeit, den Ort und die Dimension gebunden, in der er existiert.

Ja, wir haben viele Inkarnationen auf der Erde gehabt. Aber wer will allen Ernstes behaupten, dass sie chronologisch aufeinander folgen?

Es gibt keine Zeit und es gibt keine Materie, es gibt nur mehr oder minder konzentriertes Licht und Bewusstsein, zusammengehalten von göttlicher Liebe.

Weißt du, ob du gerade aus der Vergangenheit hierher gekommen bist? Oder bist du vielleicht aus der Zukunft gekommen? Was passiert, wenn du gerade mal einen Sekundenschlaf machst? Vielleicht reicht ja dieser Moment aus, eine komplette Inkarnation auf einem anderen Planeten, in einer völlig anderen Dimension und einem völlig andersartigen Körper zu machen. Hast du dich schon mal gefragt, wie viele Inkarnationen du jetzt gerade, in diesem Moment, in dieser Dimension, auf dieser Erde hast? Erweitere mal dein Bewusstsein.

Vielleicht bist du in Afrika ein zweijähriger Junge, auf Hawaii eine alte Schamanin, hier beim Lesen gerade die Person, die du denkst zu sein, in der inneren, hohlen Erde ein weiser, spiritueller Gelehrter, der mit Außerirdischen zusammen arbeitet, und in einem Raumschiff der galaktischen Förderation jemand, der bei dem Aufstieg der Menschheit und der Erde mitarbeitet.

Im Fernsehen sind inzwischen Hunderte von Kanälen, aber sehen kannst du nur einen zur Zeit. Neue Filme, alte Filme, beides kannst du sehen.

Es ist deine freie Wahl, für was du dich entscheidest oder ob du ihn einfach ausschaltest.

Und ich wiederhole noch einmal: Du bist ein multidimensionales, spirituelles Wesen, inkarniert in einen physischen Körper.

Die Vergangenheit, die Zukunft, unzählige Dimensionen, Planeten, Sonnen und Galaxien: alles existiert „Jetzt". Wo existierst du da auch noch „Jetzt"? Wer bist du wirklich in der Wirklichkeit? Stelle wieder Fragen, wer fragt, bekommt Antworten! Bitte, so wird dir gegeben. Es ist das Gesetz der Resonanz. Konzentriere dich auf das, was du wissen willst und es wird alle Gedanken und Erkenntnisse, die damit zu tun haben, aus allen Ebenen des Seins anziehen. Du brauchst bloß hinzuhören. Wer Ohren hat, der höre, was der Geist zu sagen hat. Erinnere dich. Erkenne dich selbst. Du bist ein Aspekt Gottes, und wie in einem Hologramm, ist im kleinsten Teilchen jede Information des großen Ganzen enthalten. Ich werde dir jetzt ein Beispiel davon geben, was ich wissen wollte und was dabei heraus kam:

Meine Frage war: *„Was passiert eigentlich, wenn ich schlafe? Wo gehe ich hin? Wie funktioniert das? Und was passiert, wenn ich zurückkehre?"* Dann ging ich ins Bett und schlief ein. Ich wachte gleichzeitig am Kopfende des Bettes auf, sah meinen Körper und bemerkte, wie dieser langsam und ruhig atmete. Nacheinander lösten sich drei transparente Körper aus meinem physischen. Sie hatten wunderschöne Farben. Einer war ganz violett. Sie lösten sich auf und verschwanden. Dann verschwand ich vom Kopfende des Bettes, und befand mich plötzlich in einem Kreis von Menschen, die goldenes Licht ausstrahlten. Ich stand in der Mitte dieses Kreises, saß gleichzeitig in dem Kreis der Personen, war mir bewusst, dass ich als Beobachter des Ganzen außerhalb stand und beobachtete das Gesamte, während ich schlief. Nun fing ich (der in der Mitte) an zu erzählen, was ich erlebt und gelernt hatte, dass ich gerne den Weg des Heilers gehe und noch mehr Möglichkeiten bekommen wollte, andere zu heilen. Es waren etwa dreißig Wesen, mit denen ich sprach und die alle zusammen meine Inkarnation leiten. Sie sagten mir, dass ich jetzt noch nicht mehr davon wahrnehmen dürfe von diesem Rat. Ich konnte dann nichts mehr hören und sehen.

Am Morgen wachte ich langsam auf, stand zunächst oder gleichzeitig am Kopfende meines Bettes. Zuerst wurde ich mir meines Körpers bewusst. Ich fing an, mich zu bewegen. Mein Emotionalkörper kam zurück. Ich sah ihn in meinen Körper hineinfliegen. Dann kam mein Gedankenkörper angeflogen. Die ersten Gedanken waren: „Wer bin ich, wo bin ich, was ist los?“ Dann kam der Kausalkörper zurück und jetzt wurde ich wacher. „Oh, schon so spät? Warum tut mir plötzlich der Fuß weh? Wo ist meine Familie? Aua, alle Probleme waren wieder da oder doch nicht?“ Ich stand auf und ging duschen, dann kam irgendwie noch etwas an, und ich wurde ganz wach. Die Rolle des Beobachters hörte auf. Das war wahrlich eine Antwort, oder? Es kommt mir heute vor, wie ein Computer, den man erst hochfahren muss, um damit zu arbeiten, aber warten muss, bis auch im Hintergrund alle Programme geladen sind.

Kehre zurück in den Fluss deines Lebens. Lass los was dich behindert, er wird dich mit Leichtigkeit an dein Ziel treiben. Jeder Versuch, dich festzuhalten oder gegen ihn anzuschwimmen, wird dich nur ermüden. Du hast viele Helfer auf Erden und in den Himmeln. Sie sind immer für dich da. Nehme ihre Gaben an, denn es sind Gaben des Herzens, und du bist es wert. Freue dich des Lebens. Gehe in die Natur und beobachte. Du wirst dadurch viel lernen. Es sind alles göttliche Geschöpfe, vom Staubkorn bis hin zu Galaxien. Gehe hinaus in die Natur, und dann sage dir folgendes:

„Heute ist ein schöner Tag, denn ich kann atmen, ich kann hören, ich kann sehen, ich kann fühlen, mein Herz schlägt in mir, denn ich lebe!

Ich habe genug Nahrung in mir, so dass ich noch mindestens zwei Wochen ohne weitere Nahrung auskommen könnte, aber ich brauche diese Lernerfahrung nicht, denn ich habe meinen Verstand, meine lange Lebenserfahrung, viele Fähigkeiten, die ich in die Wiege gelegt bekam und viele Fähigkeiten, die ich selbst erlernt habe, damit ich mein Leben gut leben kann, frei von Angst und Ärger.

Eine der schönsten Fähigkeiten ist, dass mein Körper mit all seinen Funktionen, ohne mein dazutun, das tut und zeigt, was für mich und meinen Körper und seine Entwicklung gerade das Richtige ist.

Es gibt mir die Möglichkeit, mich ganz auf das, was ich will, zu konzentrieren, verbal zu kommunizieren, dies zu unterstützen mit dem Singen meiner Stimme, mit meiner Mimik und Gestik, oder sogar ohne diese Fähigkeiten, durch mein entschlossenes Handeln und Tun, womit ich anderen auch zeigen kann, was mein Wille ist. Ich habe die Fähigkeit, meine Gefühle und Gedanken zu öffnen, dass andere diese Informationen auch fühlen und denken können, oft ist es mir gar nicht bewusst, aber es ist immer wieder schön, wenn Gefühle wie Begeisterung, Liebe, Sympathie, Zuneigung, Freude, zu mir fließen oder ich sie anderen senden kann. Die mir unangenehmen Gefühle sind auch wunderbar, denn sie zeigen mir, wann Gefahr droht, wann schlechte Stimmung im Raume liegt! Sie geben mir die Möglichkeit, mit meinem Freien Willen, mich aus dieser unangenehmen Gefahr, Stimmung oder diesem Gefühl heraus zu bewegen, körperlich, wie mental, wenn ich mir gestatte, mir diese Situation aus einer ÄUSSEREN SICHT anzusehen. Ich habe aber auch die Fähigkeit, die zu mir fließenden Gefühle zu empfangen, und es ist meine Entscheidung, welche dieser Gefühle ich an mich heran lasse, die für mich schönen, die mir sagen, dass ich geliebt werde, wertvoll bin, schön bin, geachtet werde, die sich angenehm anfühlen oder diejenigen, die mir unangenehm sind und mir MEIN GUTES GEFÜHL nehmen.

Heute ist ein schöner Tag, und ich fühle meinen Atem, mein Herz und meinen Körper, ich lebe, und deshalb bin ich gerade heute frei von Ärger, deshalb bin ich gerade heute frei von Sorgen, darum ehre und achte ich meine Mitmenschen, darum bin ich ehrlich und treu, darum achte ich auch alles Lebendige und erinnere mich daran, dass vieles außerhalb meiner Wahrnehmung ist!"

Es gibt sie, denn manchmal kann ich sie fühlen, ihre Gedanken wahrnehmen oder sie sogar hören und sehen! Wenn der Engel spricht:

Vergiss mein nicht
und sieh ins Licht,
was kümmern dich die Sorgen.
Lebe hier und jetzt, nicht im Morgen.
Die alte Last ist doch nur schwer,
warum schleppst du sie? Wohin? Woher?
In der Leichtigkeit des SEINS
sind unsere Herzen EINS

Ich wünsche dir einen schönen Tag! Ashron El Mogar Ba

Himmlische Helfer

Ich hatte bereits geschrieben, dass es sehr wichtig ist, unsere Himmlischen Helfer zu legitimieren, damit sie uns helfen dürfen. Sie lieben, achten und ehren uns. Wir sind hier inkarniert in einer Zone des freien Willens. Kein Wesen darf diese Grenze überschreiten, auch sie nicht. Sie werden uns helfen, wo sie dürfen, und sie werden auf jeden Fall unsere Lernaufgaben achten, aber es ist wichtig und klug, ihnen die Erlaubnis zu geben.

Durch Täuschungen von außen, sind wir manchmal nicht mehr Herr unserer Sinne. Es gibt so viele Fallen, auf die du im Leben nicht kommst. Eine normale Lebensspanne ist dafür viel zu kurz.

Es gibt Menschen im Hier und Jetzt, die ohne weiteres mehrere hundert Jahre alt werden können, leider auch sehr negative. Wir haben in der Wirklichkeit hier auf Erden eine Lebensspanne von 135 Jahren pro Haupt-Chakra! Davon haben wir acht in dieser Dimension, die sieben Chakren, die du hoffentlich kennst, und dazu zähle ich noch ein Chakra über der Krone. Stimmt es, so sind wir imstande, in diesem Körper über 1000 Jahre alt zu werden, und es würde uns mindestens 70 Jahre Kindheit zustehen. Denke mal an die Bibel, da ist von Menschen die Rede, die über 700 Jahre alt wurden und von welchen, die riesig waren. Für mich ist das kein Phantasiegebilde, sondern die Wahrheit. Man hat menschliche Skelette gefunden, die über 6 Meter Höhe hatten.

Du kannst es dir nicht vorstellen? Frage dich doch mal, warum die Menschen im Durchschnitt jedes Jahr um drei Monate älter werden. Frage dich mal, wieso die Kinder fast immer größer werden als ihre Eltern. Ich war in einem alten Haus, das eine Deckenhöhe von 1,50 Metern hatte, und ich bin 1,96 Meter groß. Kein Scherz!

Wir haben in dieser Inkarnation die Möglichkeit das Todeshormon, das wir uns selbst eingepflanzt haben, um immer wieder in schneller Folge zu inkarnieren, auszuschalten. Wir sind es, die die Erde durch den Aufstieg gebracht haben. Wir sind es, die selber aufgestiegen sind. Es ist schon Vergangenheit in der Zukunft, und irgendwie weißt du es in dir selbst. Du warst schon da in der Zukunft, doch jetzt bist du hier, genauso wie ich. Wir sind es, die es schaffen werden, wir. Wir müssen nur aufstehen und es wirklich selbst in die Hand nehmen, dazu sind wir inkarniert. Jetzt ist es besser, hier zu bleiben und diese Inkarnation anzunehmen. Lass es uns gemeinsam tun, unseren Brüdern und Schwestern zu helfen, endlich wach zu werden.

Sage laut dieses Glaubensbekenntnis:

„Ich glaube an den himmlischen Vater, seinen Sohn, den Heiligen Geist und die Engel! Ich erbitte hiermit für mich göttliche Führung, göttlichen Schutz und göttlichen Segen! Ich erbitte hiermit für mich Klarheit und Weisheit, damit ich frei von Täuschungen meinen Auftrag in dieser Reinkarnation leben kann!“

Wenn du es wirklich willst, sage dann laut:

„Im Namen des Christusgottes in mir, erkläre ich aus freiem Willen, dass ich alle meine spirituellen Kräfte nur zum Besten allen Seins einsetzen will. Ich werde den Freien Willen aller Wesen dabei achten!“

Wenn du es wirklich willst, rufe die Mächte des Lichtes und der Liebe an:

„Ich rufe Euch, Ihr Hohen Mächte des Lichtes und der Liebe als Zeugen und Wächter zu diesem Gelübde und bitte euch, mich in meiner Absicht zu unterstützen, mir zu helfen, mich zu schützen, und mich zu beraten, wenn ich diese Hilfe brauche, denn ich will meinen Inkarnationsauftrag erfüllen. Ich weihe meine spirituelle Entwicklung hiermit, absolut und ohne Ausnahme, den universel-

len Mächten des Lichtes und der Liebe und nehme ihren Schutz und ihre Fürsorge dankend und respektvoll entgegen"

Dann lege deine Händeflächen zusammen in Höhe deines Herz-Chakras und verneige dich vor ihnen in Demut und sage:

„So sei es, OM, Friede, Shalom, Amen. Der himmlische Vater und ich sind Eins!"

Sage zum Abschluss noch laut deinen Namen im Hier und Jetzt. Wenn du es wirklich willst, kannst du auch das Ganze drei Mal laut vorlesen und dabei dich auf den Sinn konzentrieren. Der Himmel wird es dir danken und dir einen starken Schutz zur Seite stellen. Wundere dich danach aber nicht über das, was dann auf dich zukommt. – Die Wahrheit!

Ich kann dir nur sagen, aus allem, was ich bis jetzt lernen durfte, dass die Wahrheit wahrlich ein Segen ist. Sei gesegnet!

Ashron El Mogar Ba

Die Chakren

Weißt du eigentlich, dass wir fast den ganzen Tag über unsere Chakren reden, ohne dass wir es mitbekommen?

Das möchte ich dir hier beweisen und dir einiges über deine Chakren und deine Kommunikation erklären. Doch zunächst einmal eine Grafik, damit du weißt, wo sie sich befinden:

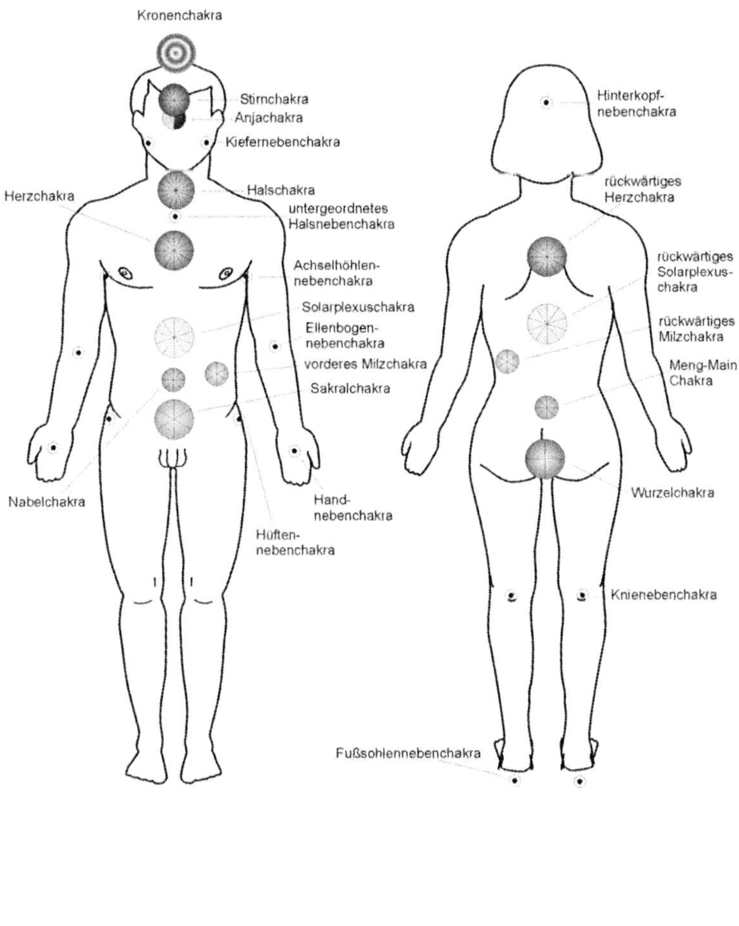

Das Kronenchakra

Wir sagen oft: "Alles Gute kommt von oben!" Ist es dann mal nicht so gut gelaufen in unserem Leben, heißt es: „Da habe ich eins auf den Dekkel bekommen!“ Und schlagen dann die Hände über dem Kopf zusammen. Die alten Germanen hatten schon Angst, dass ihnen der Himmel auf den Kopf fällt.

Das Stirnchakra oder Drittes Auge, Anja-Chakra

Manchmal reden wir davon, dass jemand den „Sechsten“ Sinn hat. Es ist auch unser sechstes Hauptchakra von unten und steht unter anderem für Erkenntnisfunktionen. Hören wir auf unsere „Innere Stimme“ und entscheiden „aus dem Bauch“ heraus, dann ist meistens alles in Ordnung. Tun wir dies nicht, und fällen wir Entscheidungen „nur im Kopf“, so kann man dann hören: „Hab ich doch gleich gewusst!“ So Mancher schlägt sich dann mit der flachen Hand auf das Dritte Auge, mitten auf der Stirn, weil er damit nicht richtig geguckt hat. Na, kommt dir es bekannt vor? Die einen tippen sich mit dem Zeigefinger an die Stirn und zeigen einen Vogel, weil sie meinen, eine bessere Erkenntnis zu haben, die Anderen reiben sich die Stirn, um ihr Drittes Auge zu aktivieren und beim Grübeln eine Idee, einen Geistesblitz, einen EINFALL zu bekommen. Na, geht dir ein Licht auf?

Das Halschakra

Wird einem eine Situation zu viel, bekommt man schon schnell mal „so einen Hals“ und zeigt dann mit der Hand, das er ziemlich dick anschwellen könne. Es muss wohl daran liegen, dass man ihnen als Kind den „Mund verbot“ und sie daher oft Halsschmerzen oder dicke Mandeln hatten. Andere wiederum spüren, dass sich ihnen der „Hals zuschnürt“, weil Traurigkeit hochsteigt und sie versuchen, diese zu unterdrücken, anstatt hineinzufühlen in die Traurigkeit und diese zu erlösen. Man sagt ihnen doch: „Spucke es aus, was dich bedrückt! Rede es dir von der Seele!“

Aber statt dessen hören sie nicht mehr zu, weder sich selbst noch den anderen, obwohl das Halschakra direkt mit den Ohren verbunden ist. Sie schweigen oder reden ohne Ende, was man Orales Saugen nennt. So mancher fühlt sich bei so einer Person nach einem Gespräch ziemlich erschöpft und „alle"!

Herzchakra

Jeder tippt sich mit dem Finger dorthin, wenn er über sich selbst redet. Mal ehrlich, „Hand aufs Herz", sind wir verliebt, so wird uns „warm ums Herz", ist jemand gemein, so hat er ein „kaltes Herz", belastet etwas, so wird es uns „schwer ums Herz", geht diese Last weg, dann fällt uns ein „Stein vom Herzen", und haben wir Angst, so rutscht uns das „Herz in die Hose", obwohl ich das, ganz ehrlich, noch nie gesehen habe. Erschrecken wir uns, so kann uns das „Herz mal aus dem Hals springen". Das habe ich allerdings auch noch nie beobachtet.

Das Machtchakra

Kommt uns etwas entgegen, was mit negativer Macht zu tun hat, so „schlägt uns das auf den Magen". Schlagen wir uns den „Bauch voll", so reiben wir uns das Machtchakra so, dass es sich öffnet und wir besser verdauen können, rechts herum mit der flachen Hand. Würden wir das anders herum machen, würde uns schlecht werden. „Manjareh" sagt auch so mancher, wenn es gut schmeckte und küsst sich selbst auf drei Fingerspitzen. Das ist das Mudrah, womit man das Machtchakra aktiviert. Der positive Aspekt des Machtchakras ist Lebensfreude, und so halten wir uns schon mal den „Bauch vor lachen"!

Das Sakral- oder Emotionalchakra

Dies ist verantwortlich für unsere Gefühle, Beziehungen, alle Kreisläufe im Körper und verbunden mit dem Geschmackssinn und den Lippen. Da die Menschen sich gerne gegenseitig küssen, entstehen schnell starke Beziehungsbänder zwischen ihnen und docken sich in diesem Chakra an. Ist mit der Beziehung alles in Ordnung, sagt man gerne mal „meine Süße“ oder „mein Süßer“, wenn nicht, wird dann so Mancher „sauer“. Ist man enttäuscht, so kann das schon „bitter“ sein. Viele sind bei Trennungen traurig und bekommen dadurch schon mal Probleme mit Kreislauf, Blase und Nieren. Der Volksmund sagt: „Nierensteine sind ungeweinte Tränen“!

In gleicher Höhe liegt hinten der Wille in Beziehungen, das Kreuzbein. Das X ist übrigens die Rune für Partnerschaft. Sie besagt, dass Partnerschaft nur bestehen kann zwischen zwei gleichstarken, gleichberechtigten Wesen, die so viel Raum zwischen sich lassen, dass die Winde des Himmels zwischen ihnen fließen können. Gott, geht nur gleichberechtigte Partnerschaften ein. Im Kreuzbein treten dann oft Schmerzen auf, da die Gefühle unterdrückt werden. Dazu sagt man auch „Hexenschuss“!

Das Wurzelchakra

Es steht für Mut und Urvertrauen, hat die Farbe Rot und ist mit der Erde verbunden. Haben wir unsere Gefühle und unsere Macht zu lange unterdrückt, wird aus dem Mut schon mal Wut und wir sehen „rot“. Haben wir Angst, so bekommen wir schon mal „kalte Füße“ oder „Schiss“, oder es rutscht das „Herz in die Hose“. Viele versuchen Menschen, die Angst haben, dann mit den Worten zu motivieren: „Komm mal in die Füße, mach dich mal auf die Socken!“ Wir wahr gesprochen, denn die Angst treibt uns aus dem Körper!

Denke einmal über das Geschriebene nach, und dann beobachte deine Sprache und Gestik. Wohin zeigst du, wenn du mit anderen redest, welche Worte und Bildnisse benutzt du, wenn du kommunizierst. Wie machen das andere Menschen?

Du kannst dadurch unglaublich viel lernen. Wenn du da noch mehr einsteigen möchtest, kann ich dir ein sehr nützliches Buch empfehlen: Das

Chakra-Handbuch von Bodo Baginski und Shangrila, erschienen im Windpferd Verlag.

Hier aber noch die wichtigsten Informationen, die du über die Chakren wissen solltest, um deine Beobachtungen deuten zu können:

Wurzelchakra

Farbe: Rot
Element: Erde
Sinnesfunktion: Riechen
Positive Eigenschaften: Vitalität, Aktivität, Sexualität, Stabilität, Physische Kraft,
Mut, Vertrauen.
Negative Eigenschaften: Sorgen, Ängste, Überlebenskampf, sexuelle Probleme, schwaches Rückgrad, Bluthochdruck

Emotional- /Sakral Chakra

Farbe: Orange
Element: Wasser
Sinnesfunktion: Schmecken
Positive Eigenschaften: Zufriedenheit, klare Emotionen und Gefühle, Sensitivität, Sexualität.
Negative Eigenschaften: Eifersucht, Einsamkeit, emotionaler Stress, Kreislaufprobleme, Nierenprobleme, Blasenprobleme.

Solarplexus Chakra

Farbe: Gelb
Element: Feuer
Sinnesfunktion: Sehen
Positive Eigenschaften: Selbstachtung, Selbstbewusstsein, aktiver Intellekt, Unabhängigkeit, Freude.

Negative Eigenschaften: Abhängigkeit, Arroganz, Ängste, Magenprobleme, Leberprobleme, Probleme mit Augen und Haut, mentaler Stress.

Herzchakra

Farbe: Grün
Element: Luft
Sinnesfunktion: Fühlen
Positive Eigenschaften: Liebe, Großzügigkeit, Selbstlosigkeit, Heilung, Mitgefühl, Hingabe, Sorgenfreiheit.
Negative Eigenschaften: Ängste, Unentschlossenheit, Probleme mit Herz und Lunge, Asthma, Allergien.

Halschakra

Farbe: Blau
Element: Äther
Sinnesfunktion: Hören
Positive Eigenschaften: Gute Kommunikation und Ausdruckskraft, Kreativität, Inspiration, schwache Kommunikation, Infektionen, Probleme mit den Bronchien, kalte Hände und Füße.
Negative Eigenschaften: Manipulation, Abhängigkeit, Unausgeglichenheit, Probleme mit Augen und Gesicht, Nervosität

Drittes Auge - Anja Chakra

Farbe: Violett und Gold
Element: Äther
Sinnesfunktion: Manifestieren
Positive Eigenschaften: Intuition, Vision, Kreativität, hohe Ethik, klare Gedanken und Emotionen.
Negative Eigenschaften: Manipulation, Abhängigkeit, Unausgeglichenheit, Probleme mit Augen und Gesicht, Nervosität.

Kronenchakra

Farbe: Weiß
Element: Geist
Sinnesfunktion:
Positive Eigenschaften: Spiritualität, integriertes Leben, Lichtenergie, höheres Bewusstsein, Weisheit.
Negative Eigenschaften: Unbewusstheit, Verstand, Kopfprobleme, keinen Kontakt zum physischen Körper, Chaos.

Diese Chakren existieren in allen unseren Körpern, dem physischen, wie den ätherischen. In den höher schwingenden, feinstofflichen, haben sie allerdings andere Farben. Werden wir uns auch in diesen Körpern bewusst, bekommen unsere Sinne auch ein höhere Wahrnehmung, wie Hellsehen, Hellfühlen, Hellhören und Hellriechen und Hellschmecken. Die Fernwahrnehmung und Telepathie gehören ebenfalls dazu.

Die sieben Körper des Menschen

Wir Menschen bestehen aus sieben Körpern, ähnlich, wie die russischen Holzpuppen, die man ineinander stecken kann. Normalerweise ist für uns nur der physische Körper sichtbar, die anderen sechs sind für die meisten Menschen unsichtbar.

Ich führe sie hier der Vollständigkeit halber an, gehe aber nicht näher darauf ein, denn darüber gibt es sehr viel gute Literatur, in der du dich weiter informieren kannst. Hier geht es schließlich um die Hara-Dimension und Ela Ta Sin. Die Hara-Linie kannst du dir vorstellen wie eine gemeinsame Röhre, um die sich alle Körper gleichzeitig aufbauen. Hier ist die Verbindung von Himmel und Erde und die zu allen sieben Körpern mit ihren Chakren.

Unsere drei geistigen und höheren Körper sind:

7. Der Gottesfunken aus dem Herzen Gottes

6. Kausal-Körper

5. Heiliges Christus-Selbst

Die vier niederen Körper sind diejenigen, die wir brauchen, um auf der physischen Ebene existieren zu können:

4. Ätherischer Körper, Element Luft

3. Mental- oder Gedankenkörper, Element Feuer

2. Emotional- oder Gefühlskörper, Element Wasser

1. Physischer Körper, Element Erde

Das Ur-Teilen

Urteilst du noch über andere Menschen? Mal ganz ehrlich? Denke einmal darüber nach!

Solange du im Geringsten das Gefühl hast, anderen sagen zu müssen, wie sie zu sein hätten oder das Gefühl hast, andere hätten es besser als du, kannst du dir sicher sein, dass du noch urteilst!

NEID ist nur die Umkehrung von DEIN und so fehlt da die Achtung. Außerdem kannst du nie wissen, was die Wahrheit hinter den Dingen ist, also höre auf, über andere zu urteilen. Ich möchte dir hier eine Übung mit auf den Weg geben, die dir helfen wird, mehr Klarheit über dich selbst zu bekommen. Hasst du diese Klarheit, wird es dir leicht fallen, dich besser zu verstehen und dich für ein besseres Leben zu entscheiden.

Nimm jeweils ein Blatt DIN A4 Papier, unterteile es in zwei Spalten und schreibe dann folgende Gegenüberstellungen darauf. Danach fülle die Spalten mit deinen Gedanken dazu:

1. Dinge, die ich gerne mache - Dinge, die ich gerne machen möchte.

2. Tatsachen, mit denen ich zufrieden bin – Tatsachen, mit denen ich unzufrieden bin.

3. Was ich gut mache. - Was ich nicht gut mache.

4. Meine Beziehung zum Neid bei mir. - Meine Beziehung zum Neid bei anderen.

5. Meine Beziehung zum Glück bei mir. - Meine Beziehung zum Glück bei anderen.

6. Meine Beziehung zum Erfolg bei mir. - Meine Beziehung zum Erfolg bei anderen.

7. Nun schreibe auf, was du noch an „altem Gepäck“ mit dir herum trägst (z.B. negative Erinnerungen, nicht aufgelöste Auseinandersetzungen, Schulden, schlechtes Gewissen etc.)

8. Nun schreibe auf: Ich löse mich auf folgende Art und Weise von meinem alten Gepäck. - Suche Lösungen dafür.

9. Schreibe Tatsachen, Glauben und Einstellungen zu folgenden The men auf: Körper und Gesundheit, Wohnsituation, Arbeit, Geld und Überleben, Spaß, „Inneres Leben“!

Mache jetzt eine kleine Pause und dann frage dich folgendes:

„Warum verdiene ich es, ein neues Drehbuch für mein Leben zu schreiben?“

Diese Frage und deine Antwort darauf ist sehr wichtig, denn du gibst dir damit selbst die Erlaubnis ein besseres Leben zu führen.

Schreibe sie auf.

Jetzt bist du bereit für dein neues Lebensdrehbuch.

Kreiere dein Leben neu, und fange an mit der Überschrift:

Mein neues Lebensdrehbuch

Mein neues Lebensdrehbuch

Jetzt schreibe auf, wie dein neues Leben sein soll. Habe dabei keine Hemmungen, denn du bist es ja wert. Lass deiner Phantasie freien Lauf.

Inneres Leben, Spaß, Beziehungen, Geld und Überleben, Wohnsituation, Arbeit, Körper und Gesundheit.

Zum Abschluss brauchst du noch Klarheit über deine Beziehungen zu Menschen, die dich umgeben. Wie sieht deine derzeitige „Raumgestaltung" mit diesen Menschen aus?

Nimm ein Blatt Papier, und schreibe in den Mittelpunkt deinen Namen, und platziere die jeweiligen Menschen um dich herum, benutze dazu auch Farben und Symbole. Es ist sogar besser, vorher eine Liste zu machen, in die du jeweils Männer und Frauen einträgst, dic du dann auf das Blatt überträgst.

Wenn du damit fertig bist, schaue dir dein Werk an und frage dich, wie viel Raum du da wirklich für dich hast. Wie nahe lässt du sie an dich heran? Wie fühlt sich das an für dich? Lass es ruhig ein paar Tage liegen, und denke ab und zu wieder darüber nach.

Kreiere dir eine neue „Raumgestaltung", und setze auch deine Schutzengel mit ein. Setzte hinein, wen du in deiner Nähe haben möchtest. Lasse auch Freiraum für neue Freunde und was immer du haben möchtest. Das, was du nicht möchtest, lasse weg. Wichtig ist, dass der Raum um deinen Namen dabei viel Platz hat. Lasse dir dabei auch viel Zeit. Du kannst auch alles immer wieder ändern, denn es ist ja deine neue „Raumgestaltung"!

Lege das Geschriebene dann weg und hole es in größeren Abständen mal wieder hervor. Du wirst merken, dass sich in deinem Leben sehr viel geändert hat. Das für dich Negative wird Stück für Stück wegfallen, und das für dich Positive wird sich nach und nach manifestieren. Probiere es aus.

Du bist der Schöpfer deiner Lebenssituation.

Viel Spaß und Freude dabei.

Die Mission

Ich freue mich, wenn du es geschafft hast, dieses Buch bis hierhin gelesen zu haben. Vielleicht ist dir auch schon etwas klarer geworden, wie wichtig meine Mission, „Ela Ta Sin auf der Erde zu verbreiten", ist.

Es ist so wichtig, dass es schwer fällt, dies wirklich in die richtigen Worte zu fassen. Unsere geliebte Erde, Gaia, Terra oder auch „Urantia", war so fest in den Klauen dunkler Mächte, dass wir Menschen schon mehr als nur über dem Abgrund hingen. Wir alle wurden so manipuliert, dass ich es schon als bestialisch empfinde. Es hat mich in dieser Inkarnation schon vier Mal fast das Leben gekostet. Ich hatte schwerste Angriffe dieser dunklen Mächte und ich danke meinem himmlischen Vater und denjenigen, die mir halfen, dies zu überwinden. Es hat mich stark gemacht. Doch jetzt sind diese Kräfte neutralisiert und ich kann endlich öffentlich darüber reden und handeln, ohne solche Angriffe.

Die Zeit der Dunkelmächte geht jetzt endgültig zu Ende. Als ich anfing mit Ela Ta Sin zu arbeiten, bekam ich einen starken Schutz zur Seite gestellt, den auch alle bekommen, die sich auf diesen Weg machen. Ich brauche Mitstreiter, die „Menschenfischer" werden, wie ich und die, die feste Absicht haben, der Erde und der Menschheit bei unserem Aufstieg zu helfen. Jeder Mensch, mit dem ich arbeite, zählt 100prozentig und ist in diesem Moment der wichtigste Mensch in meinem Leben. Ich will, dass er den Aufstieg schafft. Ich will, dass er seinen eigenen Weg geht, frei von Implantaten, welche sein Karma und seinen Lebensweg bestimmt haben, ihn gezwungen haben, die eigene Macht abzugeben und sich in die Kontrollmechanismen von Staat, Kirche und Angst zu begeben und sich selbst zu verlieren. Es gibt so viele manipulierte Lehren, die uns von unserem wahren Weg abbringen. Es muss damit aufhören und zwar jetzt.

„Was ist nun deine Mission?" wirst du dich fragen und ich sage dir: „Du trägst sie in dir! Du bist derjenige, der sich dafür entscheiden muss, den

Weg des Lichtes und der Liebe zu gehen, denn du allein hast die Verantwortung für dich selbst. Niemand kann dir diese Entscheidung abnehmen!“

Bekommst du eine Ela Ta Sin Einweihung, bist du frei von Implantaten, hast eine geöffnete Hara-Linie und eine geöffnete Licht-DNS. Damit hast du deine Energie für dich. Du hast deinen Anschluss an dein kosmisches Selbst, an deinen Gottesfunken.

Es ist, als wenn man innerlich umgerührt wird. Da bleibt kein Stein auf dem anderen. Deine eigene Energie spült alles aus deinem Energiesystem, was dort nicht hingehört. Es ist etwas anstrengend und dauert ein paar Tage, trotzdem fühlst du dich innerlich ruhig und wohl, und es ist endlich die Stille in deinem Kopf.

Du wirst dann unweigerlich anfangen, deinen Weg zu gehen. Es ist, als wenn du in eine neue Realität gekommen bist. Die Früchte im Außen werden dir dies ebenfalls zeigen, dass nichts mehr ist wie vorher. Ich habe mich danach nur gewundert, wo meine Probleme geblieben sind. Ich kann es dir nicht sagen, sie haben sich irgendwie in Luft aufgelöst. Ich habe keine Ängste mehr, keine Schmerzen und keinen Druck, dies alles ist verschwunden. Mein Weg ist mein Ziel und den gehe ich mit absoluter Absicht beschleunigt weiter. Dies ist mein fester Wille.

Was ist nun deine, meine, unsere Mission? Wir müssen Druck nach außen ausüben und unserem Umfeld Hilfestellung geben. Die Schlafenden aufwecken. Wir müssen alle lernen, den Himmel zu akzeptieren, einen persönlichen himmlischen Schöpfergott, der in allem, was existiert, enthalten ist. Jesus hat sein zweites Kommen schon vor 2000 Jahren angekündigt, und diese Zeit ist jetzt da.

Wir werden auf der ganzen Erde Kontakt mit der „Galaktischen Föderation“ bekommen. Wahrscheinlich noch in diesem Jahr 2006. Ich habe viele Visionen dazu gehabt und auch viele Durchsagen dazu gelesen. Sie waren fast immer synchron in ihrem Inhalt. Ich habe ein Ufo direkt über die Baumwipfel neben unserem Haus fliegen sehen, nachdem es vorher ca. 5 Minuten lang in der Luft schwebte.

Wir werden weiterhin ein spirituelles Chaos verursachen müssen, damit die Menschen aus der Kontrolle von Glaubenssystemen herausfallen, endlich wach werden und Gottes wahre Natur erkennen. Er ist als lebendiger Geist in jedem Teil der Schöpfung enthalten, auch in dir.

Es gibt viel zu viele Seelen, die verloren gehen, und wir können da manchmal eben nichts machen, wenn sie nicht wollen. Für mich ist es allerdings indiskutabel mit anzusehen, wie Menschen in Täuschungen gefangen sind. Ihnen nicht zu helfen, ist für mich unterlassene Hilfeleistung. Ich hatte schon vor acht Jahren die Worte im Ohr: „Du kannst doch heilen, warum tust du es nicht?“ – Ich tue es!

Wir kommen von den Sternen, du wie ich. Ganz tief in dir fühlst du auch diese Sehnsucht nach deinem Zuhause. Sei beruhigt. Unsere Geschwister von den Sternen kommen bald hierher.

Informiere dich darüber im Internet. Es gibt eine wunderbare Seite, auf der du die neuesten Durchsagen zu dem Thema und viele Links zu anderen Seiten findest. Du wirst merken, was sich gut anfühlt und zu dir gehört. Es wird dir helfen, dich zu erinnern. Diese Internetseite ist: www.paoweb.org !

Hier kannst du „Updates“ lesen von Sheldon Nidle, die wöchentlich erscheinen. Unter „Aktuelles“ findest du Neuigkeiten über das, was auf der Erde los ist. Sehr interessant sind die „Mitglieder“ der Galaktischen Föderation. Hier ist beschrieben, wie sie aussehen, woher sie kommen und was für Gewohnheiten sie haben. Es ist durchaus möglich, dass du mit einigen von ihnen in Resonanz gehst, dann hast du schon mal eine Idee, woher du kommen könntest. Ich wünsche dir viel Freude beim Forschen und Erwachen.

Jetzt noch einmal zu dir: Sei ein Mitschöpfer, es wird dich auf deinem

Weg einen riesigen Schritt weiterbringen. Lasse dich von den Dunkelmächten nicht mehr täuschen. Gehe deinen Weg unbeirrt weiter, auch wenn man dir sagt, es sei egoistisch. Wichtig ist dabei deine Absicht, anderen zu dienen und diesen Planeten zu heilen. Du führst dann ein Leben in Solidarität und Souveränität. In dem Maße, wie du dich auf diesen Weg begibst, wird sich deine Mission herauskristallisieren. Du musst dazu nur den ersten Schritt machen, das kannst auch nur du, denn niemand wird dich dazu auffordern.

Verteidige dich gegen die dunklen Kräfte, indem du deine Eigenschwingung erhöhst, dann wirst du für sie unsichtbar. Die niedrigen Schwingungen können sich dann nicht mehr an dich heften. Die ätherische Licht-DNS und deine interdimensionalen Ohren werden dafür sorgen, dass sich deine Wahrnehmung immens erhöht. Du wirst anfangen, Dinge zu sehen, von denen du sonst nur träumst, wenn du nachts in die heiligen Hallen des Wissens gehst, um zu lernen. Ich freue mich, wenn du deinen Weg gehst und der Himmel wird es dir danken.

Ashron El Mogar Ba

Nachdem ich mein Album „Ashron – Spirit Wisdoms“ fertiggestellt hatte, kam eine Durchsage der Elohim: „Du hast etwas vergessen!“ Ich konnte mir nicht vorstellen, was ich vergessen hatte, und fragte sie. Die Antwort war: „Du hast dich vergessen! Es fehlt deine Mission, damit die Menschen wissen, wer du bist!“

Der letzte Song auf dem Album wurde „I am El Mogar Ba“. Hier der Songtext:

I am El MOGAR BA,
a lemurian master of sounds!
I am El MOGAR BA,
this is my real lemurian vibration name!
I am El MOGAR BA,
and I´m linked to the golden blue light!
I am El MOGAR BA,
and I am here to awake and to melt with my cosmic self
eternally into the cellular level!
I am El MOGAR BA,
and I´m moving in unity with Lady Gaia!
I am El MOGAR BA,
my mission is to manifest the sounds of reality!
I am El MOGAR BA,
and my mission is to lead the tauri to awaking into a higher frequency
level
I am El MOGAR BA,
my mission is to open the ethereal light DNS
I am El MOGAR BA,
Kodoish, Kodoish, Kodoish, Adonai Tsebayoth
Heaven and earth are melt as one.

Die Beeinflussung durch Symbole

Du hast ja schon mitbekommen durch die Durchsage zu Reiki, dass Symbole sehr stark und lebendige Wesen sein können. Es gibt viele Archetypen, die von Menschen benutzt werden, da sie zu unserer alten Sternensprache gehören und daher unbewusst eine starke Bedeutung für uns haben. Ich möchte dir hier ein paar Beispiele nennen, damit du verstehst, was ich meine.

Das Apothekenzeichen wirst du bestimmt kennen, das rote „A“ mit der Schlange, die sich am Stiel eines Gefäßes empor schlängelt und den Kopf über das Gefäß hält. Andere Apotheken haben ein grünes Kreuz als Symbol. Die Bedeutung ist die Gleiche.

Betrachten wir erst einmal das rote „A“: Rot steht für das Wurzel-Chakra und damit für Urvertrauen. In der Bibel steht, dass Gott sagte: *Ich bin der Anfang und das Ende, das Alpha und das Omega, also das „A“ und das „O“*, der Kreis der Schlange, die sich selbst in den Schwanz beisst und somit den Kreislauf von Geburt und Tod darstellt. Das „A“ ist die Geburt, der Anfang des Lebens, dass Ursymbol für: Pfau und Tanz, also Lebendigkeit! Die Schlange, die den Stab empor schlängelt, steht für die „Kundalini“, die Schlangenenergie, die aufgerollt in unserem Wurzel-Chakra liegt und erweckt die Wirbelsäule aufsteigt. Es ist das göttliche Feuer der Wiederauferstehung. Es ist das Zeichen des Apostels Johannes, das Zeichen für Heilung. Die Schlange trinkt aus dem Gefäß, dem Heiligen Gral, das Wasser des Lebens. Es ist das Symbol des „Ewigen Lebens“!

Nun zu dem grünen Kreuz, das in vielen Ländern benutzt wird. Dieses Grün ist genau die Farbe unseres Herz-Chakras und steht für Mitgefühl. Das gleichschenkelige Kreuz steht für Gott. Oben wie Unten, Innen wie Außen. Das Kreuz in den Kirchen, ist das Symbol des Opfers und nicht das Symbol Gottes.

Es ist das „T“ und lässt sich zu einem Würfel zusammenfalten. Der Würfel ist die einfachste Form der Materie und damit das Zeichen für den Widerstand gegen Gott. Für mich ist das Herstellen einer Puppe, ihr den Namen „Jesus“ zu geben und diese dann auf ein Kreuz zu nageln „Voodoo“! Denke einmal darüber nach. Er wird immer und immer wieder ans Kreuz genagelt, und wir sollen das noch anbeten. Ist das in Ordnung?

Zurück zum grünen Apothekenkreuz. Es bedeutet:

S	A	T	O	R
A	R	E	P	O
T	E	N	E	T
O	P	E	R	A
R	O	T	A	S

Es ist Latein und heißt soviel wie: „Der Schöpfer hält das Rad des Lebens am Laufen.“ Es ist ein magisches Quadrat und du kannst die Worte in jede Richtung lesen. Anders aufgeschrieben, ergeben diese Buchstaben: „A“ PATER NOSTER „O“, das „Vater Unser“ und der Anfang und das Ende. Der unaussprechliche Name Gottes ist „JHWH“ und hat in der Kabbala die Zahl 26 = die unendliche 8, die in der Mitte das X, das Kreuz mit den gleichen Längen hat. Nun zähle mal die Quadrate: es sind 26, 25 kleine und ein großes!

Ich denke, dass du das Symbol von Apotheken jetzt anders verstehst, und frage dich allen Ernstes: „Warum gibt es in Hamburg auf dem

Winterhuder Marktplatz fünf Apotheken? Weil das Zeug hilft? Wenn ja, müsste es doch nur noch gesunde Menschen geben? Sind alle gesund? Warum gibt es auf Tabletten, die die Form eines Kreises haben, auf denen ein Ypsilon geprägt ist? Das ist das Symbol „Gottes Sohn". Warum? Frage dich das selbst! Hinterfrage wieder alles. Warum? Warum?

Ich weiß schon, dass uns manche Medikamente helfen. Das ist auch in Ordnung so. Ich will hier auch niemanden angreifen. Ich möchte lediglich, dass du verstehst. Ich habe Aurafotos (Kirlianfotografie) gesehen von kleinen homöopathischen Kügelchen und von welken Blättern, mit einem großen energetischen Strahlenkranz um sie herum. Ich habe Schmerztabletten gesehen, wo die Lebensenergie gleich „Null" ist, einfach nur ein schwarzes Loch. Das eine heilt durch Licht, und das andere nimmt Schmerzen, indem es uns Licht entzieht. Beides hilft. Wie fühlst du dich dabei?

So, das war nur ein einziges Symbol, und die Straßen sind voller Symbole. Ich habe alleine in Hamburg an einer Kreuzung 36 Schilder gezählt! Das Halteverbotsschild hat ein X in der Mitte. Das X steht für Partnerschaft. Warum dürfen wir dann dort nicht Rast machen? Warum müssen wir an einer Ampel stehen bleiben, wenn „Rot" ist. Es steht doch für Urvertrauen und seinen eigenen Weg zu gehen. Warum ist das Vorfahrt achten Schild, das Dreieck der Weiblichkeit? Warum steht auf dem roten Schild mit den acht Ecken, was ja für Gott steht, Stop? Warum haben Polizeiautos ein Blaulicht, mit der gleichen Farbe unseres Dritten Auges, was für Erkenntnis steht? Sind sie allwissend? Sicherlich nicht, denn sie machen nur die Drecksarbeit für den Staat. Ich war einer von ihnen und weiß wovon ich rede. Warum tragen sie eine weiße Mütze? Weil sie weise sind? Wer trägt noch eine weiße Kopfbedeckung, um uns dieses „Weiß zu machen"?

Denke einmal darüber nach! Auf der folgenden Seite findest du Buchstaben und ihre Symbolik, falls du Lust bekommen hast, etwas zu forschen:

A	Pfau/Tanz
B	Madonna
C	Gottessohn
D	Luzifer
E	Alter König & Söhne
F	Himmelsleiter
G	Meerfahrt
H	Versteck
I	Verwandlung
K	Blau/Geist
L	Baum
M	Medizinmann
N	Hirtenstab
O	Schatz
P	Aufgabe
Q	Quelle
R	Trinität
S	feindliche Brüder
T	Schlüssel
U	schuldhafte Tat
W	Gott
X	Urmutter
Y	ewiges Leben
Z	Versuchung

Die Reiki-Symbole

Hier möchte ich etwas über die Reiki-Symbole schreiben, werde allerdings keine Grafiken einfügen, denn ich achte die Symbole. Sie sind für mich lebendige Wesen, eben die Weltenhüter.

Es gibt nur wenige Reikimeister, die eine Ahnung davon haben, wie die Symbole in den verschiedenen Dimensionen aussehen. Ich fing an alles zu hinterfragen, denn es gibt viele Abwandlungen, die nicht in Ordnung sind. Ich habe mich einfach mit den Symbolen in Verbindung gesetzt und sie gefragt.

Das erste Symbol, das „CR", ist die aufgerollte Schlange, die Kundalini Energie, die 3 1/2 mal gewunden im Wurzel-Chakra liegt, sie wird von der göttlichen Ebene aktiviert. Sie hat 29 rechte Winkel. Die Quersumme ist 11, die Meisterzahl Jesu. Indem ich dieses Symbol meinen Wegen vorausschickte, lernte ich das Hören von Energien. Von seiner Persönlichkeit, ist es ein absolutes Spielkalb. Es will nur Spaß haben, gute Laune verbreiten und die Menschen segnen.

Das zweite Symbol, das „SH", fängst an mit einem Blitz, mit der Rune der Ganzheit, welche die oberen drei Chakren darstellt. Der senkrechte Strich steht für das Herzchakra, für „Religio", die Suche nach Gott. Der waagerechte Strich steht für die materielle Ebene und das Machtchakra, der Bogen für die Mondsichel, die das Zeichen des Emotionalchakras ist. Der langgezogene Bogen steht für den Hirtenstab, die erweckte Kundalini-Energie, an der die Ying und Yang Chakren angeschlossen sind. Das Symbol ist von seiner Persönlichkeit der große Lehrer, nimmt Ängste und ist der Erlöser festgefahrener Verhaltensmuster.

Das dritte Symbol, das „HS", fängt an mit dem Himmelszelt, aus dem ein Weg direkt in die Krone des Anwenders führt. Der Kopf des Anwenders ist die Bundeslade der göttlichen Gebote. Die linke Hand ist erhoben und empfängt die göttlichen Gaben. Die rechte Hand schickt diese Gaben auf den Weg, der gleich dem Weg Jesu ist. Er geht dann durch den Schleier der Illusion, Maya, in den Punkt der Transzendenz, wo sich alle Gesetzmäßigkeiten der 3. Dimension auflösen.

Das Meistersymbol beginnt mit der Ebene des Himmels und dem japanischen göttlichen Kreuz. Der zweite Teil fängt an mit dem Ritus der Einweihung von Merlin, übrigens eine Inkarnation von Mikao Usui, dem Entdecker von Reiki. Es geht dann weiter mit dem Zeichen „Pi“ (3,14 = 8 = Gott), was den Kreis verkörpert und das Zeichen für Gott ist. Der dritte Teil besteht aus 2 x 5 Strichen, Ying und Yang, steht für den Menschen, heißt übersetzt „golden“. 2 x 5 = 10 = Gott. Es ist 3 mal das Zeichen für Gott = Trinität.

Das Meistersymbol besteht aus ganz normalen chinesischen Schriftzeichen, und sie heißen übersetzt: Das Große Licht oder das Goldene Licht!

Mit einem bisschen Übung ist es auch möglich, die Symbole in anderen Dimensionen wahrzunehmen. Es ist der reinste Farbenflash. Wenn du Reikianer bist, kannst du es ja mal versuchen. Doch nun zurück zu Ela Ta Sin.

Die Bedeutung des Ela Ta Sin Symbols

Die Kundalini ist frei aufgestiegen und geht durch die Krone nach oben, sie hat sich vereint mit der Hara-Linie. Die beiden Schlangen der männlichen und weiblichen Energien, „Ida“ und „Pingula“, gehen durch die Chakren und vereinen die beiden Gehirnhälften. Die Krone entfaltet sich voll. Das achte Chakra wird ganz aktiviert. Darüber befindet sich das rechte Auge des Horus, das Schöpferauge Gottes. Darüber eine Pyramide, die vier Gesichter Gottes. Das Ela Ta Sin Symbol ist das Zeichen der neuen ätherischen Licht-DNS. Mehr darf ich noch nicht verraten, da es laut der Elohim noch geheim ist.

Ela Ta Sin Fern-Einweihung und -Anwendung

Es tauchte die Frage auf, ob es möglich sei, Ela Ta Sin auch telepathisch anzuwenden, oder sogar auf diesem Wege die Einweihung der ätherischen Licht-DNS zu geben.

Ja, es ist möglich, und ich habe es vielfach ausprobiert. Es funktioniert wunderbar und leicht, auch über die telepathische Verbindung. Mir ist es jedoch lieber, dabei gleichzeitig mit der betreffenden Person verbal über eine Telefonverbindung zu kommunizieren. Ein wichtiger Aspekt dabei ist die „mündliche Überlieferung", bei der ich Wissen direkt übertrage. Ein anderer wichtiger Aspekt sind die Gefühle. Lenkt eine Person bei der Ela Ta Sin Anwendung die eigene Aufmerksamkeit auf innere Gefühle, so bekomme ich Zugang zu Ursachen von Problemen, Schmerzen und auch anderen Inkanationen, was es ermöglicht, diese überwiegend sofort zu klären. Ebenso wichtig ist die Wahrnehmung der Person, bei der Ela Ta Sin angewendet wird. Nimmt sie die Veränderungen durch Ela Ta Sin im eigenen Energiesystem wahr, wird es zu ihrer eigenen Realität, und es wird ihr ermöglicht, die eigenen Energien besser zusammen zu halten, besser im eigenen Körper geerdet zu sein und den eigenen Weg zu gehen.

Hier ein Beispiel: Omnec Onec, die das Buch schrieb „Ich kam von der Venus", lebt in Illinois, USA. Sie bat mich, Ela Ta Sin bei ihr anzuwenden. Wir kommunizierten dabei telefonisch und telepatisch. Es funktionierte wunderbar, auch über die Entfernung Deutschland - USA. Ela Ta Sin lässt sich weltweit anwenden. Entfernung ist dabei kein Hindernis.

Die Ela Ta Sin Crew

Ich habe viel über mich und meine Arbeit mit Ela Ta Sin geschrieben. Nun möchte ich euch die anderen beiden Mitglieder der Ela Ta Sin Crew vorstellen und sie danach auch selbst zu Wort kommen lassen: Karin und Inashra!

Karin ist meine geliebte Lebenspartnerin, sehr feinfühlig und medial begabt. Sie bekam die Aufgabe durch die Elohim, bei Ela Ta Sin mitzuwirken, durch Einweihungen in die weiblichen, göttlichen Aspekte, um diese in das menschliche Energiesystem zu integrieren und die Merkaba zu aktivieren. Ihre Spezialgebiete sind die Arbeit mit Kristallen und Tieren. Sie hat einen wunderschönen Esoterikladen in Heiligenfelde, „Lotus", der zur Zeit erweitert wird zu einem spirituellen Treffpunkt mit Cafe´, Kino, Seminar-Räumen und noch einigem mehr.

Inashra ist unsere geliebte Freundin, die durch ihren exzellenten, medialen Anschluss an die geistige Welt ein große Hilfe ist. Sie hält bei den Seminaren Channelings ab, bei der die Teilnehmer direkte Antworten von den Elohim und auch anderen Wesen sowie wichtige Informationen für und über ihren Inkarnationsauftrag erhalten. Wir arbeiten gemeinsam intensiv an der Erforschung von Ela Ta Sin.

Inashra

Die Veränderung, die uns bevorsteht, ist im Universum kein streng gehütetes Geheimnis.
Von B.L.Seaward.
(gechannelt durch Inashra)

Hallo, als Erstes möchte ich meine Dankbarkeit, Achtung und Respekt gegenüber meinen Lehrern, Meister und liebevollen Freunde aussprechen. Danke Ronald, dass wir uns wiederbegegnet sind und dass du durch deine unermüdliche Geduld, Hilfe und Liebe mir beiseite stehst.

Natürlich gilt meine ganze Liebe und Dankbarkeit Gott, Sananda, St.Germain, meiner Seelenfamilie, den Elohim und unseren geliebten Lichtwesen.

Ohne ihre Hilfe und Unterstützung würde ich niemals dies hier niederschreiben können. Langsam sollte ich mit meinen Danksagungen aufhören, da ich mir schon vorkomme, wie bei einer Oskarverleihung. Aber wie meine feinstofflichen Freunde immer sagen: „Ehre, wem Ehre gebührt!"

Als ich das Skript, das erste Mal gelesen hatte, begleitet von vielen Erinnerungen und Empfindungen, wurde es mit erst bewusst, was Ela Ta Sin für mich und die Menschen bedeuten wird. Es ist so ein unermessliches Geschenk für die Menschheit und für Mutter Erde.

Meine „Begleiter" wünschen sich und uns, dass Ela Ta Sin seine „Flügel" über die ganze Welt aufspannt, so dass die Menschen von den Schrecken, den Täuschungen und Manipulationen befreit werden: „Eigenverantwortlich!"

Dass sie sich selber erkennen und erinnern, wofür sie sich überhaupt entschieden haben, als sie beschlossen wieder zu inkarnieren.

Ich glaube, gerade in dieser Zeit, in diesen Wendungen und Umschwüngen des Lebens, gewaltig, unbegreiflich und unberechenbar, ist Ela Ta Sin ein Vorreiter für unseren Sprung ins neue Goldene Zeitalter. Mir selbst hat es in den vergangenen Monaten so viel Freude, Liebe und Bewusstsein gebracht, dass ich es selbst nicht glauben konnte, aber meine Wahrheit geht nur über das „Fühlen". Es war für mich höchste Zeit, herauszufinden, was ich wollte, was mir wirklich wichtig ist und was sich in meinem Leben gut und richtig anfühlt. Dies hat mir Ela Ta Sin geschenkt.

Inashra

Ela

Liebe Leser/innen dieses wundervollen Buches. Für alle Menschen ist die Zeit gekommen die neue Welt in all ihrer Schönheit, Wahrhaftigkeit, Licht und Liebe anzunehmen, hinauszuströmen, um die Botschaft von Licht und Liebe mehr denn je zu verteilen und die Saat unseres bisherigen Lebens in der alten Welt als Früchte in der neuen Welt anzunehmen.

Ich war von klein auf eine „Botschafterin des Lichts und der Liebe", ging durchs Leben mit der Botschaft, dass man immer, egal was passiert, an Licht und Liebe glauben solle, sie sind der Schlüssel für alles im Universum. Es war oft als schwimme man gegen den Strom, aber der Gedanke, nur wer gegen den Strom schwimmt kann zur Quelle gelangen, zog mich immer weiter. Das Heilertum, das Urwissen, Reiki kreuzten meinen Weg und als spirituelle Lehrerin und Reikimeisterin und -lehrerin, als Journalistin und Verlagsinhaberin gab ich jahrelang eine Kunst- Kultur und Lebensart Zeitschrift heraus und in allen Bereichen hatte ich dieselbe Botschaft, dass nur die Liebe und das Licht in der Lage sind alles zu heilen und zu erreichen.1997 schrieb ich ein Buch zu dem Thema die Sprache des Herzens, das Mutmacherbuch, zahlreiche Seminare aus allen vielen Bereichen zum Thema Bewusstsein, Seele, Neues Denken - Neues Handeln, Licht und Liebe folgten. Aber ich blieb in all den Jahren auf der Suche nach wahrhaft gleichgesinnten Menschen, auf gleicher oder höherer Ebene. Nach dem Erlernen der bedingunglosen Liebe, bat ich erneut darum, dass man mir mehr Gleichgesinnte zum Austausch und zum Ergänzen des Wissens zeigt, genau dann kam Ronald. Ein Mensch, der in der Lage ist die Liebe zu leben, sie zu zeigen und ohne dass er damit missverstanden wird, nur weil er sein Herz und seine Seele in der Aura sichtbar macht. Und er hatte eine einfache, klare und geniale Botschaft - Ela Ta Sin.

Seit der nun weltweit deutlich spürbaren Energieerhöhung der Erde und der Menschen ist es nun für alle viel leichter geworden, sein wahres Ich zu erkennen, das Ziel zu erreichen, in Freude, Glück, Liebe, Harmonie, sorgen- und schmerzfrei zu leben. Mit Ela Ta Sin ist der Schlüssel für alle vorhanden, alles was noch aus der alten Welt an den Menschen haftet im Handumdrehen loszuwerden, sich zu befreien, die Täuschungen der alten Welt, der alten Gedankenmuster, der Implantate, sofort zu lösen, alles von heute auf morgen noch leichter ändern zu können.

Ich wünsche mir von ganzem Herzen, dass dieses Buch, mit seiner Botschaft in alle Hände gelangt, damit möglichst viele sofort durchstarten in eine glückliche Gegenwart und Zukunft. Das Paradies ist nur einen Gedanken weit entfernt, sagte mal jemand, die Zeit diesen Gedanken zu denken, ist genau jetzt. Ela Ta Sin ist jetzt. Macht es Euch nicht mehr schwer, lasst das JA ABER weg, streift das alte ab und lacht, tanzt, spielt, in voller Freude über all die neuen Möglichkeiten, Ela Ta Sin. Lady Gaia, die Menschheit, die Tiere und die Natur brauchen jeden von uns genau jetzt und Hilfe von aussen ist massenhaft vorhanden.

In all-umfassender Liebe für alle Leser/innen - ELA

Lieber Ronald, Du hast mir eine sehr grosse Freude damit gemacht, dass ich und mein kleiner K.i.m. + Co. Verlag Dein Ela Ta Sin Buch Manuskript in ein Buch verwandeln durften. Du weisst wie sehr ich mich freue, dass wir uns wiederfanden und auf die Gemeinschaft mit allen Gleichgesinnten. Frei von allen alten Gedankenmustern, frei vom Neid anderer und voll mit Licht und Liebe, die nicht missverstanden wird, die vor allem mit Ela Ta Sin als göttliches Geschenk, als Schlüssel für alle Menschen in die richtige Richtung führt, in unser aller gemeinsames Ziel dem Licht und in die Einswerdung mit allem was ist. Ich sehe die Momente in der Zukunft, in denen wir alle zusammen auf den grossen Wiesen tanzen, lachen und sorgenfrei leben und ich sehe die Verkündungen von Ela Ta Sin und wie es massenhaft KLICK macht in den Köpfen der Menschen und sie alle wieder die Verbindungen mit ihren Herzen und Seelen, mit der Wahrhaftigkeit sehen, fühlen, verinnerlichen und mit dabei sein werden in unserer aller neuen Welt.

In all-umfassender Liebe, Deine ELA

Anhang
Deine Macht und deine Realität

Hier möchte ich dir noch etwas sehr Wichtiges mit auf den Weg geben, denn du erschaffst mit deiner Macht deine eigene Realität. Die Trinität deiner Macht setzt sich zusammen aus deinem Gefühl, deiner Vorstellungskraft und deinem Willen.

Willst du deine Realität für dich und andere positiv gestalten, so solltest du folgendes wissen:

Das vorherrschende Gefühl auf der Erde ist Angst und das kennst auch du. Diese Angst wird von außen mit Absicht verstärkt durch Lügen. Ja, Lügen. Ob Hühnergrippe, Viren, Terroranschläge, Arbeitslosigkeit, Alter und Tod, nichts ist so wie es scheint, denn die Wahrheit ist eine andere.

Wenn du frei von Angst bist und wieder hinterfragst und beobachtest, wirst du dies bemerken. Solange du noch nicht frei davon bist, wird sie dich runterziehen in einen Strudel von negativen Energien. Dies erzeugt in dir eine Resonanz, die deine Realität in ein Chaos verwandelt. Also stelle dich deiner Angst, und überwinde sie. Fühle in diese Angst hinein. Wo fühlst du sie im Körper? Lege deine Hände dorthin und fühle hinein. Denke an Liebe. Fühle Liebe, und sende sie in die Angst hinein, und sie wird sich auflösen.

Nun zu deinem Willen. Sind Probleme da, dann willst du sie nicht. Dein Unterbewusstsein kennt dieses „NICHT“ aber nicht, es kennt kein Minus. So konzentrierst du dich auf das, was du nicht willst und ziehst genau das in dein Leben. Drehe das um, und fange an positiv zu denken und auch deine Worte positiv zu gestalten. Wenn du sagst, dass es dir heute „NICHT“ so schlecht geht, heißt dies, dass es dir schlecht geht. Sage, dass du dich wohl fühlst. Höre auf, negativ zu reden. Höre auf, über Probleme und Krankheiten zu reden. Du machst dich damit selbst krank, und jeder, der denkt, dass du ein Problem hast, wird dies durch eigene Gedanken noch verstärken.

Hier sind wir bei der Vorstellungskraft. Schreckliche Bilder hast du wahrlich genug im Kopf. Durch Filme und Zeitschriften, Nachrichten und Dokumentationen. Wenn jemand zu dir sagt: „Stell dir mal vor!" sollten bei dir schon die Alarmglocken läuten.

Wenn Menschen auch noch gleichzeitig das Gleiche sehen, in den Nachrichten und auch noch das Gleiche denken und fühlen, erzeugt das eine gigantische Welle an Negativität und das erschafft unsere Realität. Warum sind weltweit alle Nachrichten gleich? Hinterfrage es immer wieder. Sage „NEIN" zu negativen Gefühlen und Gedanken, denn die Wahrheit ist eine andere. Stelle dir die Welt, deine Welt vor, voller Liebe, Friede, Harmonie und Gesundheit. Stelle sie dir vor, wie du sie dir wünscht. Benutze dazu deine Vorstellungskraft, als sei alles schon „Jetzt", in diesem Augenblick, Realität. Dies funktioniert im Kleinen, wie im Großen. Erschaffe deine Realität. Benutze deinen Willen dazu, schreibe es auf, male Bilder dazu und „REDE POSITIV", „DENKE POSITIV" und „FÜHLE, WIE SCHÖN DIE WELT IST". Gehe in die Natur, dort ist so viel Liebe und Lebensenergie. In allem kannst du die Göttliche Schöpfung und Gott selbst erkennen. Segne alles, was du siehst. Segne die Schöpfung deines Schöpfers. Segne deine Brüder und Schwestern, so wie ich dir auch meinen Segen sende. Schenke ihnen Achtung, Liebe, Vertrauen und Mitgefühl, denn WIR sind EINS. Du bist genauso verantwortlich dafür, dass diese Welt wieder voll und ganz in ihrer wahren Schönheit erstrahlt, wie ich. Lass unsere Seelen zusammenarbeiten, dies zu erschaffen und zu leben. Ich bitte dich von ganzer Seele und meinem ganzen Sein: „Mach mit! Wir brauchen dich, denn du gehörst zu uns! Sei wieder die Göttlichkeit, die du in Wahrhaftigkeit bist. Sei selbst ein Segen für die Menschheit. Sei ein physischer Engel auf Erden!"

Stelle dir immer wieder die Fragen: „Was will ich, was denke ich und was fühle ich?" Es wird dir dabei helfen.

Epilog

So, nun neigt sich dieses Buch der Vollendung entgegen und ich wünsche mir und dir, dass ich dir wirklich etwas mitgeben konnte. Etwas, was dir hilft, deinen Weg in diesem Leben zu gehen. Dieses Buch ist aus meinem Herzen und meiner Seele entstanden. Ich habe es in Liebe geschrieben, mit dem großen Wunsch, dass es für alle ein Segen sein möge. Beim erneuten Lesen habe ich um die Menschheit weinen müssen, sowie um die Erde und die Seelen, die verloren gingen, denn diese Traurigkeit ist meine Triebfeder, das zu tun, was ich tue. Es ist mein Inkarnationsauftrag und mein absoluter Wille, dass die Menschen und die Erde den Aufstieg schaffen. Mein Auftrag wird erst beendet sein, wenn dies vollbracht ist. Ich danke dir, dass du dieses Buch gelesen hast. Vielleicht sehen wir uns ja irgendwann irgendwo. Sei gesegnet. Und so danke ich auch hier meinen Eltern in Achtung und Liebe, denn ohne sie wäre ich nicht hier. Seien sie ebenfalls gesegnet!

Ich bin Ronald, der Sohn von Jürgen und Miranda,
Ashron El Mogar Ba
Der himmlische Vater und ich sind Eins.
So sei es, OM, Friede, Shalom, Amen.

Kontaktadresse:

Ronald Hoth - Ashron El Mogar Ba

www.elatasin.de
www.auravideo.de
www.ashron.net
www.aschera.com